en en la Tierra con

rio de las

Medicinas del Universo

Aprender a vivir bien en la Tierra con

El recetario de las Medicinas del Universo

Arlette Rothhirsch

LAS ENSEÑANZAS DE MIS GUÍAS

EL LIBRO MUERE CUANDO LO FOTOCOPIAN

Amigo lector:

La obra que tiene en sus manos es muy valiosa. Su autor vertió en ella conocimientos, experiencia y años de trabajo. El editor ha procurado una presentación digna de su contenido y pone su empeño y recursos para difundirla ampliamente, por medio de su red de comercialización.

Cuando usted fotocopia este libro o adquiere una copia "pirata" o fotocopia ilegal del mismo, el autor y editor no perciben lo que les permite recuperar la inversión que han realizado.

La reproducción no autorizada de obras protegidas por el derecho de autor desalienta la creatividad y limita la difusión de la cultura, además de ser un delito.

Si usted necesita un ejemplar del libro y no le es posible conseguirlo, escríbanos o llámenos. Lo atenderemos con gusto.

EDITORIAL PAX MÉXICO

Título de la obra: *Aprender a vivir bien en la Tierra con El recetario de las Medicinas del Universo*

COORDINACIÓN EDITORIAL: Gilda Moreno Manzur
DIAGRAMACIÓN: Ivette Ordóñez P.
PORTADA: Victor Gally

© 2015 Editorial Pax México, Librería Carlos Cesarman, S.A.
    Av. Cuauhtémoc 1430
    Col. Santa Cruz Atoyac
    México DF 03310
    Tel. 5605 7677
    Fax 5605 7600
    www.editorialpax.com

Primera edición
ISBN 978-607-9346-76-8
Reservados todos los derechos
Impreso en México / *Printed in Mexico*

Estoy convencida de que algún día
el Hombre encontrará su lugar en el Universo.

Mientras tanto, Jorge querido, familia,
amigos, animales, y demás seres que me acompañan,
tratemos de hacernos esta vida lo más placentera posible.

¡Gracias a mis Guías!

ÍNDICE

Introducción ix
Tu vida en medio de las fuerzas universales xi

Parte 1. Siete enfermedades 1
Introducción 3
Enfermedades cardiovasculares 5
Enfermedades respiratorias 6
    Malformaciones congénitas en la nariz 9
    Malformaciones de los pulmones 9
Enfermedades cerebrales 10
Enfermedades otorrinalaringológicas 12
Enfermedades del bazo y los intestinos 14
Enfermedades motoras 16
Enfermedades dermatológicas 17

Anexo
Virtudes, aflicciones y enfermedades culpígenas 19
    Más sobre emociones, sentimientos y enfermedades 22

Parte 2. Las medicinas universales 25
Introducción 27
    Sugerencias 28
    Un cuadro de un pintor famoso 28
    Varias opciones de música, incluyendo algo de ópera ... 29
    Espléndidas recetas 29

Literatura, cine y teatro 29

Amor. La gran medicina universal **35**
   Introducción 37
   Definición del Amor como medicina 37
   ¿De qué enfermamos cuando carecemos de Amor? 40
   El Amor: su funcionamiento como medicina 40
      Preparados 40
      Conociendo más sobre los preparados 42
      Frutas y verduras 44
      Baños terapéuticos 44
   Trabajo con los sentidos para acrecentar el Amor 48
      Pintura 48
      Música 49
      Recetas para acrecentar el Amor en tu vida 49
      Literatura, cine y teatro 51
      Reflexión 51

Alegría. El antibiótico universal **53**
   Definición de la Alegría como medicina 55
   ¿Qué ocurre cuando perdemos la Alegría? 55
   ¿De qué enfermamos cuando carecemos de Alegría? 56
   La Alegría: su funcionamiento como medicina 57
   Trabajo con los sentidos para acrecentar la Alegría 62
      Pintura 62
      Música 62
      Recetas y recomendaciones para acrecentar tu Alegría 63
      Literatura, cine y teatro 64
      Reflexión 64

Esperanza. El analgésico del Universo **65**
   Definición de la Esperanza como medicina 67

¿De qué enfermamos cuando carecemos de Esperanza? 67
La Esperanza: su funcionamiento como medicina 69
Cómo usar estas plantas 76
Trabajo con los sentidos para acrecentar la Esperanza 76
 Pintura 76
 Música 77
 Recetas para acrecentar la Esperanza 77
 Literatura, cine y teatro 79
 Reflexión 79

Fe. El purificador del Universo 81
Definición de la Fe como medicina 83
¿De qué enfermamos cuando carecemos de Fe? 85
La Fe: su funcionamiento como medicina 87
 Los baños 87
 Consejos y recomendaciones 88
Trabajo con los sentidos para acrecentar la Fe 92
 Pintura 92
 Música 92
 Recetas para acrecentar la Fe en tu vida 93
 Literatura, cine y teatro 95
 Reflexión 95

Verdad. El sedante del Universo 97
Definición de la Verdad como medicina 99
La actitud ante la Verdad 99
¿De qué enfermamos cuando carecemos de la Verdad? 101
 Lo que enferma es la mentira 101
La Verdad: su funcionamiento como medicina 102
Trabajo con los sentidos para acrecentar la Verdad 105
 Pintura 105

Música 106
Recetas para acrecentar y contactar
con la Verdad en tu vida 106
Literatura, cine y teatro 107
Reflexión 108

Armonía. El integrador de las Medicinas Universales **109**
Definición de la Armonía como medicina 111
¿De qué enfermamos cuando carecemos de Armonía? 112
La Armonía: su funcionamiento como medicina 113
Ejercicio 114
Trabajo con los sentidos para acrecentar la Armonía 118
    Pintura 118
    Música 119
    Recetas para acrecentar la Armonía 119
    Literatura, cine y teatro 120
    Reflexión 120

Fuerza. Las vitaminas y minerales universales **121**
Definición de la Fuerza como medicina 123
    La Fuerza y la dieta 123
¿De qué enfermamos cuando carecemos de Fuerza? 128
La Fuerza: su funcionamiento como medicina 130
Trabajo con los sentidos para acrecentar la Fuerza 133
    Pintura 133
    Música 133
    Recetas para acrecentar y contactar con la Fuerza 134
    Literatura, cine y teatro 135
    Reflexión 136

Conclusión **137**

Direcciones para ver los cuadros a color **139**

Introducción

Tu vida en medio de las fuerzas universales

Este nuevo libro me fue entregado por mis Guías y considero que éste es el momento de transmitirte su mensaje. Su objetivo es apoyarnos para descubrir quiénes somos, y mejorar la calidad de vida de cualquier ser, sobre todo en lo que se refiere a la realidad cotidiana.

La intención de este trabajo es que el proceso que se atraviesa en las dos partes que lo conforman (enfermedades y medicinas), tenga resultados inmediatos. Digamos que es un libro muy terrenal que aporta, a través de sus múltiples recetas, soluciones eficaces, auténticas y rápidas con el fin de contactar con las emociones que se han distorsionado, abandonado o perdido a lo largo del camino.

Si, por ejemplo, te preguntas ¿cómo acercarme al amor?, es muy sencillo: revisa el recetario y prepara algunas de las deliciosas recetas hechas con alimentos sencillos, al alcance de cualquiera de nosotros y que no tienen nada que se parezca a extraños maleficios, complicaciones o magia negra.

Otro ejemplo: me pregunto ¿cómo puedo acrecentar la esperanza? Observo con detenimiento el cuadro que aparece en el libro, para trabajar dicha virtud y dejo que ésta florezca nuevamente en mi corazón. También podría escuchar la música sugerida y dejarme envolver por las armonías especiales de dichas obras.

Al acercarnos a cualquiera de las virtudes o "medicinas" de este texto, aprendemos a vivir de una manera diferente y, sobre todo, más placentera.

Este libro tiene como función resolver preguntas que solemos plantearnos sobre nuestra estancia en la Tierra, como ¿qué es lo que hace que el ser humano no viva cómodamente y se vea abrumado con incontables enfermedades?

En una breve Parte 1 (para no agobiar ni deprimir al lector) se revisan y explican los orígenes de los padecimientos ocasionados por el desamor (enfermedades cardiovasculares), la falta de alegría (enfermedades respiratorias), la irresponsabilidad y la pérdida de la esperanza (enfermedades cerebrales), el temor del hombre a sus semejantes y el abandono de la fe (enfermedades otorrinolaringológicas), el no admitir sus deseos y no atreverse a ver la verdad (enfermedades del bazo y los intestinos), el miedo a su propia fuerza (enfermedades motoras) y, finalmente, las ocasionadas por el chantaje y la manipulación, que tienen como resultado la pérdida de la armonía (enfermedades dermatológicas).

En este segmento del libro se observan las repercusiones ocasionadas por las interpretaciones emocionales de cada uno de nosotros, bien sean heredadas o adquiridas y que, en lugar de hacer la vida llevadera, nos la complican sobremanera.

En la Parte 2 del libro se aborda la reconstrucción y recuperación de un equilibrio armónico menos complejo, basado en el descubrimiento y uso de recetas alimentarias naturales, muy sencillas, aunque no por eso menos efectivas; de cuadros de pintores famosos que emanan la emoción que se está estudiando; de piezas musicales específicas, así como ciertas obras de teatro y literatura universal. Gracias a estas herramientas es posible encontrar soluciones, prácticas y reales, a los problemas que nos aquejan.

Para lograrlo, se trabajan siete vibraciones, virtudes o emociones; paso a paso, el contacto con ellas abre la posibilidad de reiniciar una vida plena al alcance de todos, si tan sólo nos atrevemos a poner en acción y en plenitud nuestros sentidos de una manera agradable y sencilla, con el único fin de retomar el camino de la salud.

> Salud significa saber.

Arlette Rothhirsch
Tepoztlán, Morelos

Parte 1

Siete enfermedades

Introducción

En esta Parte 1, te invito a que leas, reflexiones y sientas qué ha sucedido contigo para llegar a padecer cualquier enfermedad, o por qué no te has decidido a trabajar con tu ser interior buscando evitarlas.

Respecto a cada uno de los temas que revisaremos, plantéate lo siguiente:

- ¿Qué piensas? (con base en la razón)
- ¿Qué sientes? (con base en la emoción)
- ¿Qué crees? (con base en los patrones familiares o sociales)

Recuerda no maltratarte por las posibles equivocaciones cometidas desde tu consciente o inconsciente, o acontecidas en vidas pasadas, por las que has llegado —de manera lineal y generalmente errónea—, a suponer que todo lo has hecho mal.

No se trata de eso. Lo importante es darte cuenta de los orígenes de tus males o de los de la gente que te rodea y tomar cartas en el asunto.

Por lo tanto, te sugiero seguir la lectura hasta la Parte 2 de este libro en donde te enfocarás, con gusto y alegría, en recuperar tu bienestar.

¿Empezamos?

> La verdadera razón del ir y venir del Universo a la Tierra y viceversa, es el aprendizaje.

Cuadro resumen de las siete enfermedades

Enfermedad	Descripción
Cardiovascular	Todo lo que tenga que ver con el corazón como órgano está relacionado con la alegría de vivir. Todo lo que tenga que ver con tristeza implica falta de amor.
Respiratoria	Respirar es un acto de vida, no querer respirar es querer morir. No poder respirar significa no estar en donde uno quiere estar. No respirar es una manifestación de quien no quiere estar vivo; por lo tanto, cualquier tipo de problemática con ese tema implica dejar de luchar por la vida.
Cerebral	Toda enfermedad cerebral está relacionada con responsabilidad; quien no quiere hacerse responsable de sí mismo puede presentar este tipo de mal.

Otorrinolaringológica	Es la enfermedad de quien no quiere ver ni saber. El ser que no quiere oír tiene miedo al futuro, a su propia inteligencia, a decir, a hacer o a escuchar. El miedo del hombre al hombre radica en esta enfermedad.
Del bazo e intestinal	Es la no admisión del deseo, la sensación de estar obligado a ser y hacer lo que no se quiere.
Motora	Miedo inconsciente; la gente no se mueve porque puede caer o equivocarse.
Dermatológica	Se origina en el chantaje y la manipulación.

ENFERMEDADES CARDIOVASCULARES

Todo lo que tenga que ver con el corazón como órgano está relacionado con la alegría de vivir.

Todo problema cardiovascular tiene por origen la tristeza acumulada durante años que, como consecuencia, obstruye las venas y arterias de las personas. La tristeza sin resolver se acumula, la tristeza no reconocida puede nulificar parte del órgano y acaba por manifestarse violentamente a través del infarto.

Por lo general la gente enferma del corazón es gente con una enorme tristeza, a la que es recomendable tratar con flores y con la compañía de mascotas, toda vez que estos seres dan amor y alegría de manera incondicional.

Cuando un bebé nace con problemas en el corazón, como el que no hayan cerrado bien sus válvulas, dos pueden ser las causas: una enorme tristeza no resuelta en vidas anteriores o bien, que el pequeño aceptó la tristeza de la madre en el vientre y, por ende, el corazón no se terminó de formar.

Se dan casos en que las criaturas no quieren terminar de formarse porque hay ideas encontradas de la madre respecto al nacimiento del hijo.

Todo lo que tenga que ver con tristeza también implica falta de amor.

> La falta de amor por nosotros, por los demás o por la vida misma, es una de las carencias más comunes.

Enfermedades respiratorias

Respirar es un acto de vida, no querer respirar es desear morir. No poder respirar significa no estar donde uno quiere estar.

Estudiando algunos ejemplos de este axioma, podemos deducir las causas de algunas de las enfermedades respiratorias.

Enfermedad	Significado
Enfisema pulmonar	Autodestrucción, me niego el derecho a vivir.
Pulmonía	Negación de la vida en su conjunto.
Cáncer de pulmón	Rencor sin resolver, que ha nulificado en nosotros el amor a la vida.
Tuberculosis y males infecciosos	Ausencia absoluta de ganas de vivir. Significa dejar a un lado la responsabilidad de la vida.
Asma	Enfermedad implantada por padres posesivos y aceptada por los hijos quienes, por tanto, se ahogan por esa presión.

Toda vez que, como veremos más adelante, los problemas cardiacos se relacionan con la alegría de vivir, es lógico que cuando se tiene un problema de este tipo se afecte también la respiración. Si no tienes alegría de vivir, puedes sufrir un problema cardiaco; si no tienes alegría de vivir, tampoco tienes para qué seguir respirando. Es una forma de no querer vivir que se manifiesta en un círculo vicioso.

Manifestación	Significado
Tos	Hay alguien que no ha sido escuchado, o algo de lo que no se ha hablado, pero molesta y necesita salir de alguna manera.
Estornudo	Tenemos algo en nuestro cuerpo que no queremos y lo expulsamos violentamente.
Gripe, catarros y constipados	Hartazgo y cansancio de una situación determinada.

Las manifestaciones físicas de una enfermedad respiratoria pueden evidenciar un problema que, de no atenderse, puede desembocar en una negación vital y convertirse en un padecimiento grave; en particular, si éste se repite con frecuencia.

No respirar es una manifestación de que la persona no quiere estar viva; por consiguiente, cualquier tipo de problemática a este respecto implica dejar de luchar por la vida. La muerte de alguien por ahogamiento refleja lo mismo.

Cuando no eres responsable o no quieres serlo, enloqueces o te vuelves un ser tan triste que buscas que los demás digan que estás afligido o desquiciado y, como no puedes realizar las actividades por ti mismo, ellos deberán hacerlas por ti (si quieren o si se dejan atrapar en tu juego). Y, por tanto, dejas de llevar las riendas de tu vida entregándola en manos de los demás.

Malformaciones congénitas en la nariz

Las malformaciones congénitas relacionadas con las enfermedades respiratorias se presentan cuando se ha asumido una personalidad que no se quiere tener. La nariz es la personalidad. Al operarte la nariz te niegas a ti mismo, particularmente si sólo se trata de cirugía estética. Cuando logras respirar sin complicaciones después de una malformación congénita, eso quiere decir que te has encontrado contigo mismo.

Malformaciones de los pulmones

Normalmente se relacionan con un alma que no estaba lista para regresar a la vida y se obstinó en hacerlo, obedeciendo a muchas y muy variadas razones, desde la necesidad de venganza o cualquier pasión humana que tiene a ese ser atado a la Tierra, hasta la posibilidad de enmendar y aprender una nueva manera de resolver asuntos pendientes. Vuelve sin estar lista, sin haber pasado por la fase de depuración por la que debía pasar y en muchos casos esto provoca malformaciones pulmonares, como una forma de hacer tangible que no se está listo para volver.

En estos casos, el tiempo entre morir y renacer puede ser hasta de un segundo; se muere y se encarna de inmediato. Por consiguiente, es posible que no haya aprendido nada en absoluto. El proceso lógico es morir, depurarse, entender y luego regresar; sin embargo, evidentemente, el libre albedrío de cada ser puede modificar este proceso y adecuarlo a sus deseos y necesidades. No se trata de un juicio, como nos enseñan algunas tradiciones del mundo; más bien, las almas se gobiernan a sí mismas, asumen su propia responsabilidad.

La verdadera razón para este ir y venir del Universo a la Tierra y viceversa, es el aprendizaje. Y no hay ningún ser en ningún estado que no tenga conciencia de lo que hace, por mínima y velada que ésta pueda ser. Incluso casos como los de malformaciones congénitas de tráquea o pulmones, son muestra de un regreso llevado a cabo sin estar listo para ello, y algo en la conciencia hace ver que no se puede vivir.

La respiración es el primer alimento del hombre, de ahí la importancia de saber desarrollar esa función, de usar los órganos respiratorios en toda su extensión y posibilidad. Al igual que el cerebro, los pulmones no son desarrollados a plenitud en el ser humano, sólo decidimos usar una parte.

En cuanto a elementos externos, como el tabaquismo, cabe señalar que afectarán al individuo en la medida en la que se deje perjudicar por él. La adicción de fumar gravitará sobre tu salud sólo si tú lo permites.

> PARA DAR ALEGRÍA NECESITARÁS APRENDER A LLORAR, PERO TAMBIÉN APRENDERÁS A DEJAR DE LLORAR.

ENFERMEDADES CEREBRALES

Toda enfermedad cerebral tiene que ver con responsabilidad. Quien no quiere hacerse responsable de sí mismo, quien no quiere ser la cabeza de su propio ser puede presentar este tipo de padecimientos.

Toda dolencia relacionada con la pineal, hipófisis, tálamo, hipotálamo y demás partes del cerebro se consideran dentro de este tipo de enfermedad, y todas pueden relacionarse con problemas de responsabilidad. Desde la falta de ubicación hasta la locura, desde tumores en el cerebro o infartos cerebrales hasta la esquizofrenia.

Ahora bien, las manifestaciones pueden ser distintas. La esquizofrenia, por ejemplo, es una manifestación de un miedo terrible al talento y a la creatividad, y ese temor provoca no querer ser responsable de ellos, dividiendo la personalidad para no enfrentarlos, aun teniendo grandes capacidades para ello.

La aparición de un tumor cerebral normalmente está relacionada con no aceptar responsabilidades. Los tumores son acumulaciones de cosas que no queremos en nuestra vida, pero no sabemos a dónde mandar.

Si asociamos cada parte del cuerpo con la responsabilidad, nos daremos cuenta de la complejidad de la enfermedad cerebral.

Por ejemplo, las manos son el medio de contacto del hombre con el exterior y con su supervivencia. Si observamos en alguien un problema cerebral que llegue a afectar las manos, estaremos frente a un caso en el cual la persona no se atreve a ser responsable de la conservación de su existencia.

Entender cada uno de los padecimientos es sumamente complejo y siempre se origina en hacerse responsable de la propia vida y de sus actos.

Por lo general, las enfermedades infecciosas implican la victimización o el chantaje; es decir, si un virus me ataca, entonces, "compadécete de mí ya que yo no puedo contra ese virus". Pero todo está vinculado con la manipulación del ser humano hacia los demás, o de ellos hacia nosotros y aceptada por nosotros.

En las enfermedades adictivas, es muy común esta necesidad de hacerse a un lado y no responsabilizarse: no quiero hacerme responsable de mí y entonces se la doy, no a otro ser humano porque no podría con ella, sino a otra sustancia.

La mejor manera de resolver estos padecimientos es entender que la responsabilidad por la vida es de cada ser humano y no debe dejarse en el abuso de sustancias, que oculta el mecanismo. Bebo porque vi morir a mi madre, o para olvidar que alguien me ha sido infiel. No, la verdad es que bebes para eludir quién eres, para no asumir la conducción de tus actos. La responsabilidad siempre causa mucho miedo y se considera como una carga, pero en realidad es una liberación: "trabajaré en esta parcela porque es mía, no me harán trabajar en otra parcela como esclavo".

> SE ESPERA PORQUE SE ES CAPAZ DE DESEAR,
> PERO SÓLO SE RECIBE LO QUE SE ES CAPAZ DE ATRAER.

ENFERMEDADES OTORRINOLARINGOLÓGICAS

Éstos son los males de quienes no quieren ver ni saber, y eso es precisamente lo que hace un avestruz al esconder el oído, el habla y el gusto. Quien no quiere oír tiene miedo al futuro y no reconoce las herramientas con las que llegó a la Tierra, las cuales se asocian con todas las capacidades de la mente (inteligencia emocional y racional) y sus siete sentidos (cinco sensorios y dos sutiles).

Toda esa zona suele obstaculizarse por temor a decir, a hacer o a escuchar lo que se es y lo que se quiere. Aquí radica la desconfianza del hombre hacia el hombre. Por ejemplo: un balazo en un oído representa el deseo de cerrar violentamente el contacto con mi interior o con mi inconsciente.

Los sordos están aquí para encontrar en su interior respuestas a problemas de otras vidas. Quienes nacen con malformaciones que los vuelven monstruosos a la vista de los demás muy probablemente han tenido terribles problemas de culpa por acciones violentas cometidas en vidas pasadas. Quizá se han burlado o han maltratado a otros seres, por lo que nacen de esta manera para cumplir y vivir la misma experiencia.

La incapacidad para hablar otros idiomas tiene que ver con problemas otorrinolaringológicos al no saber escuchar y no querer salir del entorno en el que se está.

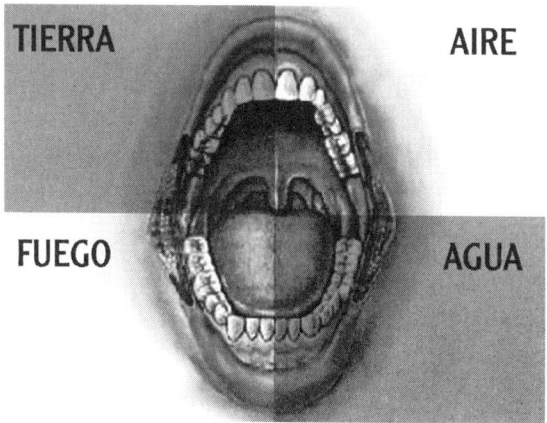

Los problemas en la lengua se vinculan con el negarse a ser quien se es: no expresas quién eres porque no quieres ser quien eres, ese es el problema. Como órgano y como idioma, la lengua es una forma de relación con el mundo. Recordemos que es también la forma de acercarse al ser amado; por lo tanto, padecer una afección en esa zona puede llegar a significar que tienes problemas para que el otro te conozca.

Los problemas dentales denotan cambios en la estructura de la vida. La aparición de caries en un diente o la falta de un diente quieren decir que ese elemento está desvitalizado o desequilibrado.

> La fe es un acto de amor a tus semejantes, es intuir que existe un Dios dentro de cada de uno de nosotros.

Enfermedades del bazo y los intestinos

El estómago y todo lo que tiene que ver con los intestinos reflejan la manera en la que el ser humano digiere y, por consiguiente, transforma su experiencia de vida en experiencia de ser.

Es decir, el alimento no sólo sirve para estar vivo, sino también para nutrir el espíritu y estimular el crecimiento. Cuando "no tragamos a alguien" nos indigestamos, cuando no toleramos algo hay que digerirlo.

Vivir con alguien a quien no se quiere es exactamente lo mismo que ingerir por la fuerza algo que no queremos comer. Ejemplo de ello es la tortura que viven las ocas en Francia cuando las obligan a comer y las hacen enojar para —supuestamente– obtener un mejor paté. Ese mismo proceso padecen los seres que viven con quienes no quieren o que hacen cosas que no desean realizar. A la oca otros le aplican la tortura, pero en el caso del hombre, él normalmente se lo hace a sí mismo para castigarse, es decir es una manera de autoflagelarse por realizar o sentir lo que no "se debe" sentir o llevar a cabo. Por ejemplo, yo no puedo decir que no quiero a mi madre, que no quiero vivir con ella; por consiguiente, me cebo para no admitir esa situación.

Los órganos que afectan estas enfermedades son estómago, bazo, intestino, esófago y páncreas.

Cuando alguien enfrenta enfermedades en estos órganos, la pregunta más importante que debe plantearse es qué es lo que no le gusta de la vida que lleva.

La respuesta a esta pregunta puede estar permeada por la confusión, por lo que muchas veces el ser no puede discernir lo que no le gusta. No obstante, lo anterior es un signo de irresponsabilidad y entonces hablamos de una enfermedad compleja porque implica a más de un centro energético del cuerpo.

Es importante entender que algunas personas tienen la debilidad de aferrarse a ideas equivocadas hasta que se autodestruyen, por lo que si en esta vida no se aprende se regresará a ello en la siguiente.

Ahora bien, cuando vives con alguien con quien no quieres hacerlo, pero no eres capaz ni siquiera de aceptar tal realidad, entonces tu castigo es comer, y ahí empieza el problema en el centro del que estamos hablando.

Cuando alguien no es capaz de definir qué es lo que está ingiriendo y toma veneno en lugar de alimento, se crean también problemas en esa área.

Cualquier alimento, si en realidad no quieres comerlo, si sientes que es veneno, te puede hacer daño, incluso una manzana. Asimismo, hay palabras y acciones que también pueden pasar por alimento envenenado a tu cuerpo, y que pueden presentarse como emociones fuertes que no sabes digerir, dilucidar o deshacer en tu interior.

> La verdad del Universo está más allá de la capacidad de entendimiento del individuo.

Enfermedades motoras

Es evidente que el que alguien no quiera moverse implica que tiene miedo inconsciente: "no me muevo porque me puedo caer".

El movimiento es un acto de libertad y al no tenerlo te estás cerrando; el primer acto de independencia y libertad del ser humano es aprender a caminar siendo bebé. La manera en que lo hace y el tiempo que toma para aprender a moverse dice mucho del tipo de ser humano que va a ser.

La criatura cuidadosa que gatea y después de un proceso largo camina es alguien que siempre meditará sus pasos. Pero alguien que no gateó y ni siquiera caminó, sólo corrió, podrá ser un individuo que busque la libertad de manera profunda. Normalmente, a quien emprende ese tipo de acciones en su temprana niñez, nada ni nadie podrá detenerlo en la vida.

La parálisis está relacionada con un pánico profundo, algo que va más allá de lo que se puede controlar o de lo que se tiene conciencia. Si alguien nace inmovilizado, ello puede deberse a que antes de morir padecía el mismo miedo y no ha sido capaz de resolverlo.

El miedo, como la ira, son emociones que se alimentan a sí mismas y, al igual que el rencor, pueden tener dimensiones enormes, inconmensurables, inimaginables para ti porque cuanto más las conserves en tu interior, más odios, enojos y miedos tendrás.

Aquí no hablamos de problemas de malformaciones óseas, sino de asuntos relacionados con la estructura de vida. Es necesario descubrir a qué se le teme, para poder resolver este tipo de situaciones.

Lo mejor para sanar estos males es que el enfermo repita mañana, tarde y noche la frase: "Nada o nadie existe en el mundo que pueda dañarme mientras yo no lo permita". Este tratamiento se emplea hasta que el concepto es aceptado e incorporado a las actitudes cotidianas.

Cuando los seres humanos le piden a su cuerpo algo para lo que no estaba destinado, como un desarrollo mental superior al de la mayoría o poderes no programados para usar en esta vida, esos esfuerzos pueden provocar reacciones y consecuencias diversas, como las enfermedades motoras.

> No hay fuerza en el que no cambia,
> sino en aquel que es capaz de entender el cambio del otro.

Enfermedades dermatológicas

Las enfermedades dermatológicas tienen origen en el chantaje y la manipulación. La piel es el medio por el cual nos relacionamos con los otros y es el inicio de la sensación del placer. Tener problemas en la piel implica ser víctima de los demás, del aire, el polvo, un animal o cualquier cosa externa que me ataque, es decir, que me agreda.

Todo tipo de enfermedad en el cuero cabelludo es exactamente lo mismo que en la piel, siendo ésta el área más grande del ser humano y en donde se puede recibir todo lo hermoso de la vida y del Cosmos, así como el principal conductor de la energía, de la inteligencia y del saber.

Las almendras son nutrientes muy importantes para la piel, lo mismo que el agua de mar.

> LA ARMONÍA NADA TIENE QUE VER CON LO ESTÁTICO, SINO CON EL VÍVIDO CAMBIAR.

Anexo. Virtudes, aflicciones y enfermedades culpígenas

Nosotros no trabajamos con conceptos como negativo y positivo porque el mundo no se divide en dos, el mundo es uno y mil al mismo tiempo.

Ver dos polos es simplificar el mundo, cuando en realidad no hay buenos y malos, sólo seres humanos.

Esa distancia hace ver las cosas de diferente manera.

Tú puedes decirle a otro "trata de no odiar, ni a ti ni a tus semejantes, porque eso te está enfermando"; sin embargo, si esa persona no quiere o no se atreve a trabajar con sus emociones, los padecimientos seguirán su curso irremisiblemente.

La energía no es buena o mala, el asunto es qué se hace con ella.

Si en mi interior yo albergo fuertes emociones –por ejemplo, mucha ternura–, esto de nada servirá si no la comparto, por más buena que sea esa emoción o esa virtud.

De ahí la necesidad de expresarnos y no guardarnos nuestras emociones. Por supuesto, siempre hay que cuidar que no lastimemos a otras personas por ello.

Pero, para clarificar los conceptos, veamos las consecuencias de algunas de las emociones que más comúnmente provocan enfermedades específicas incluidas en el cuadro siguiente, "Emociones que provocan enfermedades".

Emociones que provocan enfermedades

Emoción	Enfermedades
Apego al deseo	El deseo no es una aflicción. El apego al deseo sí lo es. Provoca obesidad y todas las enfermedades bacteriológicas.
Ira	Provoca acné, enfermedades en la piel, en los dientes y en el estómago.
Orgullo	Provoca enfermedades en la columna vertebral.
Ignorancia	Provoca la mayor parte de las enfermedades humanas.
Resentimiento	Se trata de las cosas aculumadas y es el origen del cáncer.
Envidia y celos	La envidia y los celos, debidos a la inseguridad, implican muchas enfermedades físicas, incluyendo la obesidad. En casos extremos ocasionan enfermedades mentales como evasiones y todo aquello que sirva para victimizarse, es decir, enfermedades que impliquen virus en el cuerpo.

Crueldad	No provoca una enfermedad, sino la terrible autodestrucción. En realidad, cada acto de crueldad de un ser humano contra cualquier homólogo lo ha cometido contra sí mismo.
Avaricia	Más que una enfermedad en concreto da como consecuencia seres humanos infelices.
Vanidad	Puede ser la base de todas las enfermedades oculares, sobre todo las muy graves. Se relaciona con una falsa concepción de uno mismo; nunca es vanidoso quien sabe quién es y cuánto vale. Sólo es vanidoso quien cree que es menos de lo que es y, a diferencia de lo que casi todos creen, no existe quien piense que es más de lo que es. De ahí que la percepción del mundo se deforme y se tenga miedo al futuro (miopía), miedo al presente (astigmatismo) o negación del mundo (ceguera).
Culpa	Provoca todo tipo de enfermedades sexuales: sífilis, gonorrea, parásitos en el ano y en los órgano sexuales, así como, por supuesto, sida.

Más sobre emociones, sentimientos y enfermedades

- La *duda* es una herramienta del ser humano para usar su intelecto. La duda en sí no provoca enfermedades, pero, al igual que cualquier herramienta, si se abusa en ella provoca catástrofes. La gente puede enfermarse al no querer actuar por dejar que la duda crezca hasta convertir esta herramienta en un obstáculo.
- Una *visión* errónea de la vida produce enfermedades oculares. Evidentemente, toda visión humana es errónea desde el punto de vista de que no puede ser completa, y es acertada desde el punto de vista de que es única e irrepetible. Compartir y enfrentar los diferentes puntos de vista de los hombres es lo que realmente los hace crecer, aprender y, por lo tanto, tener una visión más acertada de la vida.
- La *vanidad* en la adolescencia es la necesidad de comprender quién se es. La adolescencia es una etapa vital del ser humano, desinhibitoria, donde su voz crece y se define.
- La juventud puede ser la edad en la que la felicidad proviene de la novedad de la experiencia y de la búsqueda de los deseos más auténticos y profundos del ser. Sin embargo, también puede ser la edad de las frustraciones y la época en que todas las ideas pueden volverse fijas hasta convertirse en una deficiente manera de funcionar en el mundo.

- La vejez puede transformarse en una edad en la que, en lugar de disfrutar en plenitud la experiencia, la sabiduría adquirida a lo largo de los años y el entendimiento pleno del ser humano, se tenga miedo de dejar de vivir. Estos temores, por lo general acompañados de ideas sociales preconcebidas, son la base del nulo aprecio a uno mismo y de no haber aprendido a realizarse en plenitud.

> LA RESPONSABILIDAD ES UNA FORMA DE SER LIBRE,
> UNA FORMA DE TOMAR LA VIDA ENTRE LAS MANOS,
> HACER LO QUE UNO QUIERE
> Y ENFRENTAR LAS CONSECUENCIAS DE LOS ACTOS REALIZADOS.

Parte 2

Las medicinas universales

Introducción

En esta Parte 2, después de experimentar un proceso de observación e interiorización personal para reconocer las causas reales de los diversos padecimientos que nos aquejan, intentemos ahora regresar a un equilibrio armónico y menos complejo.

Aquí abriremos las opciones para recuperar la salud de manera muy agradable y sencilla, y así aprender a vivir con una visión más práctica al utilizar un "recetario" que te ofrece resultados inmediatos para sanar tus posibles enfermedades. Las virtudes universales con las que trabajamos son: Amor, Alegría, Esperanza, Fe, Verdad, Fuerza y Armonía. Y con cada una de ellas nuevamente nos ocupamos de nuestros sentidos para resolver la vida del día a día, recurriendo a recetas especialmente innocuas, claras y sencillas que no contienen materiales extraños.

Según tu signo zodiacal, verás que cada una de estas medicinas se manifiesta en forma diferente y provoca reacciones variadas en tu interior.

Es importante observar lo anterior para que te des cuenta de que que eres único e irrepetible. Las recetas con elementos naturales, observar cuadros específicos, escuchar ciertas piezas musicales, ver una película, leer un libro o ver una obra de teatro, te facilitan la existencia al encontrar soluciones agradables y prácticas que te llevan directamente a mejorar tu salud.

El propósito es que permitas que estas siete energías o siete emociones sustanciales coexistan en tu interior. Finalmente, lo que en esta sección analizaremos es "cómo hacer más placentera tu vida" con las herramientas que te ofrece para aprender a hacerte responsable de tu cuerpo físico y de tus otros seis cuerpos sutiles.[1] Lo importante es que el nivel de conciencia crezca en la medida en que la salud progrese, ya que son vasos comunicantes y lo que ocurre en uno afecta al otro.

Sugerencias

Las siguientes son sugerencias que considero valiosas para el uso de este recetario de las medicinas del Universo. Al consultarlo, te darás cuenta de que propongo lo siguiente.

Un cuadro de un pintor famoso

En este caso, lo óptimo es que leas la explicación acerca del cuadro y veas la imagen de esa pintura a todo color en la dirección correspondiente (ver página 139). Así podrás sentir con mayor claridad lo que produce en ti y lo que te aporta el estudiarla.

¡Sólo observa, siente y percibe!

---

1 Arlette Rothhirsch, *Aprender a vivir bien en la Tierra con la magia del número siete*, Editorial Pax México, Encuentro, 2013.

Varias opciones de música, incluyendo algo de ópera

Intenta no negarte o rechazar la experiencia de percibir la música y lo que ésta despierta en ti. En realidad no es necesario seguir las palabras, de haberlas.

El gran valor de la música tiene que ver con las armonías y las vibraciones que se generan en el Universo. Trabajar estas energías y la manera como resuenan en cada uno de nosotros provoca que entremos en equilibrio con nuestro ser al contactar con la parte no racional del cerebro. Por tanto, cada una de las obras escogidas facilita el encuentro con la medicina que estás trabajando.

¡Sólo escucha, siente y percibe!

Espléndidas recetas

Cada una de las recetas aquí propuestas es muy agradable. Procura prepararlas, sentirlas, vivirlas a plenitud y observa con cuidado los cambios que provocan en tus estados de ánimo.

¡Sólo saborea, siente y percibe!

Literatura, cine y teatro

Al final del recetario de cada una de las medicinas agregué algo de literatura, cine y teatro, obras que también te ayudarán a vibrar, entender e interiorizar cada una de las emociones.

Además del placer de leerlos y apreciarlas en vivo, casi todos los libros y las obras de teatro pueden encontrarse en Internet como películas.

¡Goza, diviértete y sigue sintiendo los cambios positivos en tu interior!

¡Sólo lee, ve, escucha, siente y percibe!

¡Buena suerte en este camino seguro y efectivo de recuperación de la salud!

¿Cuáles son las medicinas universales?

Antes de empezar con la explicación de las medicinas universales, veamos el "Cuadro resumen de las medicinas universales", en el que se presentan éstas de forma abreviada, así como el modo en que se relacionan con las enfermedades abordadas en la Parte 1.

En seguida, y dada la conveniencia de abordar la forma en que las virtudes se relacionan, presento el cuadro "Las virtudes y sus relaciones".

Te invito a consultarlo, lo mismo que el libro en el que hago un estudio profundo sobre el tema.[2]

A manera de pequeño resumen podríamos definir a las virtudes básicas como aquellas que son la plataforma misma de la sabiduría universal, en tanto que las secundarias o derivadas son la base de nuestra vida cotidiana, y nos acercan a los matices más sutiles de las virtudes básicas.

Por su parte, las virtudes complementarias son las que nos acercan a los matices menos sutiles de las virtudes universales.

---

2 S*ANANDO CUERPO Y ESPÍRITU CON LAS VIRTUDES DE LOS ÁNGELES, TUS MANOS Y TU VOZ*, Arlette Rothhirsch, Editorial Pax México.

Cuadro resumen de las medicinas del Universo

Medicina del Universo	Actúa como	Enfermedad
Amor	Medicina universal	Cardiovascular
Alegría	Antibiótico	Respiratoria
Esperanza	Analgésico	Cerebral
Fe	Purificador	Otorrinolaringológica
Verdad	Sedante	Bazo e intestinos
Fuerza	Vitaminas y minerales	Motora
Armonía	Integrador	Dermatológica

LAS VIRTUDES Y SUS RELACIONES

Las virtudes y sus relaciones

Virtudes básicas	Amor	Poder	Claridad	Verdad	Fuerza
Virtudes secundarias o derivadas	Alegría Hermandad Creatividad Perdón Ternura Belleza Armonía Transformación Paciencia Gracia Gratitud Confianza	Fuerza Creatividad Entusiasmo Valentía Fe Humildad Responsabilidad Transformación Confianza Inspiración Abundancia Voluntad	Luz Salud Propósito Honestidad Libertad Purificación Armonía Paz Equilibrio	Entendimiento Salud Honestidad Purificación Belleza Integridad Paciencia Paz	Entusiasmo Valentía Fe Libertad Nacimiento Responsabilidad Equilibrio

Las virtudes y sus relaciones

Virtudes básicas	Amor	Poder	Claridad	Verdad	Fuerza
Virtudes complementarias	Diplomacia Juego Buen humor Flexibilidad Compasión Deleite o placer Esperanza Desapego Comunicación Obediencia Espontaneidad	Eficiencia Apertura Educación Buen humor Flexibilidad Síntesis Compasión Aventura Desapego Espontaneidad	Educación Flexibilidad Sencillez Síntesis Compasión Deleite o placer Aventura Comunicación	Educación Sencillez Síntesis Deleite o placer Aventura Desapego Obediencia	Educación Buen humor Sencillez Síntesis Esperanza Obediencia Espontaneidad

AMOR
La gran medicina universal

Noche estrellada sobre el Ródano, Vincent van Gogh
Óleo sobre tela
Arles, Francia: septiembre, 1888

> *La fuerza que une al Universo, que estalla en forma de vida y que determina tu existencia es el Amor.*

INTRODUCCIÓN

El Amor es el gran sanador.

Todas las medicinas humanas y espirituales, promotoras de la vida, derivan de la virtud amorosa. Los antibióticos, analgésicos, vasodilatadores o cualquier otro tipo de purificadores o auxiliares para el buen funcionamiento del organismo parten de la virtud del Amor. Por consiguiente, podemos entender también que la Alegría, la Esperanza, la Fe, la Verdad, la Fuerza y la Armonía son manifestaciones del Amor. Así, el Amor, como medicina universal, lo único que necesita es el conocimiento de cuándo y cómo aplicarla.

DEFINICIÓN DEL AMOR COMO MEDICINA

El Amor es la expresión de la salud del ser humano en el Universo.

Su funcionamiento como medicina, como principio de salud, depende de lo que entendemos por amor y de la manera en que lo vivimos.

Cada una de las virtudes puede significar un concepto diferente para cada ser humano, dependiendo de lo que en realidad busca obtener de la vida. Por ejemplo, si se cree que el Amor es sufrimiento, eso es lo que se encuentra; si se cree que el Amor es dependencia, eso es lo que se obtiene. Sin embargo, por supuesto, en ninguno de los dos casos hablamos de la verdadera esencia del Amor. Se recibe o se da lo que se cree que es el Amor, y en algunos casos, existe una diferencia abismal entre lo que éste es y lo que se cree que es.

La conciencia y la experiencia de vida abren nuestras capacidades y nuestros enfoques y conceptos, pero sólo cuando se conjugan, porque por separado rara vez pueden llevarnos a una noción real del Amor.

Cuando las conjuntamos conscientemente nos damos cuenta de que el Amor nada tiene que ver con contactos agresivos, ni con el sufrimiento propio o ajeno.

Cuando en forma consciente entiendes el Amor como energía de vida, comprensión y creatividad, logras una verdadera expansión del alma. Entonces, no necesitas que te den porque dar ya es en sí mismo un acto amoroso recíproco y porque el reconocimiento del Amor para ti y dentro de ti hace que todo lo que te rodea armonice con tu vida y tus necesidades más íntimas de afecto.

Contrariamente a lo que puede creerse, el paso inicial para llegar a su entendimiento es el desapego. No hay que confundirse: el desapego no es lo mismo que no amar o amar menos. En realidad, es la posibilidad de no depender, de ser sin necesidad del otro y de permitir al otro ser sin necesidad de nosotros. Éste es el principio básico y real sin el cual no se puede entender el concepto del Amor.

En síntesis, de lo que se trata es de poder amar, sin importar si amas específicamente a un ser por lo que representa, o tan sólo porque está ahí, por su existencia misma. Hablamos de amar por el hecho de que estoy en la Tierra, sin enredarme en las características de cada uno de los seres que me rodean; de amarlos y percibirlos tal como son, sin intentar cambiarlos ni modificar su trayectoria vital.

Amarlos sin enlazarme con sus deficiencias, las cuales únicamente observo para convertirlas en experiencias de conocimiento.

Si valoramos por encima de todo las características que nos vuelven únicos, irrepetibles e indivisibles en el Universo, antes de detenernos en lo que consideramos los grandes defectos, empezamos a dejar de juzgar al otro e intentamos obtener lo mejor de quienes se nos acercan. Hablamos de aprender a respetar lo que son y cómo pueden serlo, así como de tomar decisiones frente a sus actos en la medida en que nos aporten algo a favor de nuestro crecimiento.

Recuerda: no existen equivocaciones, nunca se toma una decisión errónea.

Nadie se equivoca al decidir. Si alguien llega a inclinarse por la idea errada, las decisiones lo llevarán a un lugar específico; por consiguiente, podemos decir que siempre la medida adoptada es la correcta. Esto es, un ser humano puede tomar una decisión que le traiga consecuencias terriblemente negativas, pero si eso es lo que en realidad quiere, entonces actúa adecuadamente y podrá aprender de la experiencia en la medida que desee hacerlo.

Cuando nos percatamos de que no existe error alguno, que todo es hacer camino para entender, en ese momento hablamos del Amor universal.

¿De qué enfermamos cuando carecemos de Amor?

La falta de Amor en tu vida es una de las causas más comunes de enfermedades mortales, pero también de padecimientos como la hipotermia o los males en la piel o las uñas, o bien, la caída del cabello. Asimismo, la carencia de Amor propicia problemas relacionados con los sistemas circulatorio, respiratorio, glandular e inmunológico, y también afecciones cardiacas y enfermedades relacionadas con malos hábitos para vivir, como falta de limpieza y cuidado. Los accidentes constantes también se relacionan con la falta de Amor. Revisa las enfermedades cardiovasculares que vimos antes para completar el tema.

El Amor: su funcionamiento como medicina

El Amor como medicina puede encontrarse en frutas, verduras y en varias combinaciones de alimentos que veremos a continuación. Igualmente, en actitudes ante la vida y baños terapéuticos.

Preparados

Para reencontrar el amor en nuestro ser, trabajaremos con tres formas de preparados cuyos orígenes se pierden en los inicios de la humanidad: los elíxires, los jarabes y las pócimas. Las formas de elaboración de cada uno son distintas, ya que buscan generar diferentes reacciones en nuestro cuerpo.

Preparados para reencontrar el Amor y sanarnos

Preparado	Definición	Características	Utilidad
Elixir	Esencia sutil de una planta, con poder curativo. Se obtiene por medio de una destilación prolongada o de varias destilaciones consecutivas.	Su objetivo es lograr la armonía completa del ser y con ello acrecentar su conciencia. Sólo funciona en toda su capacidad cuando está conectado a la conciencia del ser.	Regenera energéticamente los cuerpos sutiles.
Jarabe	Esencia de condensación media que ha pasado por un solo proceso de destilación.	Su objetivo es asentar la vida en la Tierra.	Fortalece los cuerpos mental y emocional.
Pócima	Esencia gruesa y condensada que puede contener muchos ingredientes de distinta naturaleza. No es un destilado.	Su objetivo es la reconciliación con la vida cotidiana.	Fortalece el cuerpo físico.

BEBIDAS QUE PUEDEN CONSIDERARSE DENTRO DE ESTOS GRUPOS

Elixir	Jarabe	Pócima
Grappa	Vino	Té
Orujo	Destilaciones de frutas	Tisanas
Vodka	Destilaciones de flores	Preparados de frutas
Mezcal	Pulque	Preparados de flores
Tequila	Cerveza	Caldos y sopas

CONOCIENDO MÁS SOBRE LOS PREPARADOS

El elixir alimenta energéticamente a los cuerpos más sutiles, logrando con ello que la conciencia crezca. Por su parte, los jarabes y las pócimas han sido utilizados por todas las tradiciones médicas de la geografía terrestre, algunas veces con conciencia y otras dejándose guiar por la intuición, para restaurar las relaciones del ser humano con su entorno.

Un elixir no siempre contiene alcohol, por ejemplo hay esencias de las flores de Bach que tienen varias destilaciones o procesos de purificación, por lo que también pueden ser elíxires; las que tienen una menor cantidad de alcohol pueden considerarse jarabes y las que sólo han sido pasadas por fuego, son pócimas.

Por lo común, los elíxires más efectivos y eficientes contienen alcohol. Ésta es la razón principal de que las bebidas alcohólicas estén tan relacionadas con los ritos y mitos más importantes de los pueblos antiguos. Casi todas estas bebidas tienen un origen muy remoto y generalmente vinculado con las costumbres religiosas y las tradiciones de las grandes civilizaciones antiguas. Lo más paradójico de esta sustancia es que, a pesar de que en un inicio se utilizó para desarrollar la conciencia, se ha convertido en la manera más frecuente en que los humanos la pierden.

Como toda conducta humana, un elixir puede sublimarse y tener efectos curativos, o bien degenerarse y olvidarse de su esencia más importante, convirtiéndose en una forma de causar dolor, muerte o destrucción.

¿Cuál es la diferencia entre un alcohólico que destruye su entorno y a sí mismo, y un ser en crecimiento que alimenta sus cuerpos más sutiles con esta sustancia? La actitud al beber.

La eficiencia de estas sustancias y el nivel de aplicación de estas pócimas, jarabes o elíxires tienen que ver con la capacidad o voluntad de aceptarlas, y esta dificultad no sólo se puede observar en el caso de las bebidas alcohólicas ¿Cuántas veces hemos sabido de intoxicaciones por tomar un determinado té, una cierta tisana medicinal o un simple caldo de pollo preparado para curar?

En lo que se refiere al alcohol, ¿cuánta gente conoces que realmente lo tome porque le gusta beber, porque disfruta lo que está bebiendo y no porque quiera olvidar o destruir?

La actitud de cualquier persona frente a la comida o la bebida determina no sólo su estado de salud, sino también su postura ante la vida, su apertura o cerrazón frente a las verdades.

El alcoholismo ha existido a lo largo de toda la historia de la humanidad, y no es más que un reflejo de la culpa de querer olvidar lo que no es posible olvidar: el miedo a vivir. Esa es la base de la mayoría de las adicciones. Sólo quien es capaz de entender que él o ella es quien permite que se le dañe o no, puede dejar de depender de otras sustancias, personas o situaciones para vivir. Y es que, en efecto, las adicciones no sólo se refieren a las sustancias, sino también a las personas, a las situaciones e incluso a ciertas emociones.

Frutas y verduras

Éstas no son las únicas medicinas amorosas. Las frutas y las verduras también tienen que ver con una forma de contactar con el Amor. Como sabemos, las frutas y las verduras siempre nos darán alegría y serán nuestras grandes vitaminas. Por tanto, comerlas significa cuidar nuestro cuerpo físico amorosamente, para así ayudarle a mantenerse en buen estado de salud.

Baños terapéuticos

Otra medicina amorosa, también de origen antiquísimo y siempre eficiente, es estar en contacto con el agua (con baños en tina o regadera y el nado en el mar o en albercas, entre otros), cuyo objetivo es acercarnos a la verdad del Amor: si no disfrutas tu cuerpo, no disfrutarás nada más en la vida cotidiana o tu disfrute será evasivo.

Los baños que incluyen hierbas y flores propician un trabajo de desarrollo del amor en tu cuerpo. De la misma manera, el Amor como medicina es indispensable para resolver problemas que incluyen rencores, dolores, complicaciones en las relaciones en varias vidas, dificultades que impliquen culpas graves que no permiten accionar ni reaccionar o dudas muy difíciles sobre la propia capacidad.

Lo anterior señala la necesidad de contactar con esta esencia en cualquiera de sus formas terapéuticas: pócima, jarabe, elixir, tisana, alimentos. La reacción que se busca es que quien lo necesite empiece a tener una relación distinta con la realidad cotidiana; a partir de ese punto, sus ideas, su visión del mundo y su capacidad para relacionarse con otros serán distintas. Por supuesto, siempre y cuando la persona en cuestión lo permita.

Pareciera imposible que un ser humano no quiera sanar, no quiera cambiar su manera de relacionarse o modificar aquello que lo ata o enferma. Por desgracia, esto es lo más común. Hay muchas explicaciones para ello, desde el miedo a ser responsable de su vida hasta la fuerza de la costumbre.

A esta última, la fuerza de la costumbre, no siempre le otorgamos la importancia que tiene. El cambio de cualquier hábito es sumamente complicado pues, cuanto más tiempo haya sido ejercido, más difícil será que te deshagas de él. ¿Qué sucede cuando esa costumbre tiene siglos en su ser? La respuesta es que su existencia actual se vuelve más compleja y empieza a formar parte de su devenir, lo cual dificulta su solución en ese momento, sobre todo, cuando la costumbre implica vivir con ideas equivocadas.[3]

Cuando seas capaz de romper el porqué de todas estas equivocaciones, podrás deshacerte de esta carga. De tal modo, lo que importa es ir al origen y, a partir de ahí, desarrollar todo un proceso de asunción de responsabilidad.

> RECUERDA: LA RESPONSABILIDAD LIBERA Y QUIEN ES RESPONSABLE, APRENDE A NO CARGAR CON LO QUE NO LE CORRESPONDE.

EL AMOR Y LOS 12 SIGNOS ZODIACALES

Elemento	Signo	Cómo manifiesta amor	Qué le provoca amor
Tierra	Capricornio	Cuidadoso, protector, construye un ambiente agradable.	Plantearse proyectos nuevos con otras personas.
	Tauro	Ternura, sensualidad, belleza.	Compartir una comida, intercambios materiales.
	Virgo	Cautela, sutileza, actitud detallista.	Trabajos que requieran detalle, conversar con otros.

---

3 Arlette Rothhirsch, *El libro de los deseos. Un oráculo para comprender a dónde voy como ser humano*. Alamah Esoterismo, México, 2008.

Agua	Cáncer	Actitud protectora, cariñosa y maternal.	Hacer de su casa un hogar apacible, acogedor, abrazos.
	Escorpión	Aceptación y comprensión, confianza, honestidad.	Comprensión del otro, compasión, ayudar a otros.
	Piscis	Empatía, deseo de acompañar a otros, ternura.	Actividades caritativas, practicar sanación.
Fuego	Aries	Vivacidad, intensidad de emociones, simpatía.	Juegos de equipo, trabajos colaborativos.
	Leo	Confianza, actitud cálida y servicial, humildad.	Actividades de servicio, agradecimiento, desarrollar sus capacidades.
	Sagitario	Apasionado, atento, talentoso.	Abrazos, actividades creativas en conjunto.

Aire	Acuario	Platicador, inventivo, sincero, directo.	Reuniones y formar parte de asociaciones.
	Géminis	Creatividad, buen humor, deseos de experimentar.	Conversaciones animadas, actividades creativas.
	Libra	Buen humor, armonía, belleza.	Compartir experiencias, rodearse de objetos bellos.

Trabajo con los sentidos para acrecentar el Amor

Pintura

Este cuadro representa el amor de pareja y el amor a la Tierra y al Cosmos. Cuando el Amor es capaz de traspasar la barrera del enamoramiento, de las ideas equivocadas, de no saber quién es el otro, de no comprender con quién se está y, de llegar a la vejez y así a la sabiduría, es cuando resplandece el Universo.

Música

- "Aria de Russalka", Antonin Dvorak
- La "Mamma morta de Andrea Chenier", Umberto Giordano
- "My heart will go on", Celine Dion

Recetas para acrecentar el Amor en tu vida

Delicias de fresas

Ingredientes

- Queso fresco en trozos
- Fresas
- Miel de abeja

Procedimiento

Coloca los trozos de queso fresco en un plato, encima agrega las fresas partidas a la mitad y baña todo con miel. Éste es un manjar sencillo, fresco y delicioso, y lo puedes comer en grandes cantidades sin que te afecte.

Caja griega

Ingredientes

- Una caja mediana de madera con tapa
- Peras y hojas de parra
- Sidra de manzana

Procedimiento

Acomoda en la caja en forma sucesiva una capa de hojas de parra, luego una capa de peras en trozos o enteras, hasta llenarla. Una vez hecho esto recubre con sidra y deja reposar 24 horas, de preferencia al sol. Al día siguiente degusta la cantidad que quieras para lograr acrecentar el Amor en tu interior.

Receta para atraer el amor

Ingredientes

- Pétalos de rosa
- Pétalos de azahar estrella
- Agua

Procedimiento

Pon los pétalos en agua fría y déjalos serenar toda la noche. En la mañana aplica el agua sobre todo tu cuerpo. Esto te ayudará a recordar, a nivel inconsciente, límbico, la necesidad de amar y la gracia de lo que significa el Amor en la vida.

> **Una rosa que entrega amor,**
> **abre sus pétalos para perfumar el aire,**
> **nos hace sonreír, cura los dolores y las heridas.**

Literatura, cine y teatro

- Libro: *Cien años de soledad*, Gabriel García Márquez, Random House Mondadori
- Película: *Los puentes de Madison*, de Clint Eastwood
- Teatro: *Mucho ruido y pocas nueces*, de William Shakespeare

Reflexión

- ¿Qué piensas, sientes y crees sobre las enfermedades causadas por la falta de Amor?

_____

_____

- ¿Qué piensas, sientes y crees sobre la posibilidad de que el Amor vuelva a vibrar en tu interior?

_____

_____

> El Amor nada tiene que ver con la aceptación del otro, tiene que ver con la aceptación de uno mismo.

ALEGRÍA
El antibiótico universal

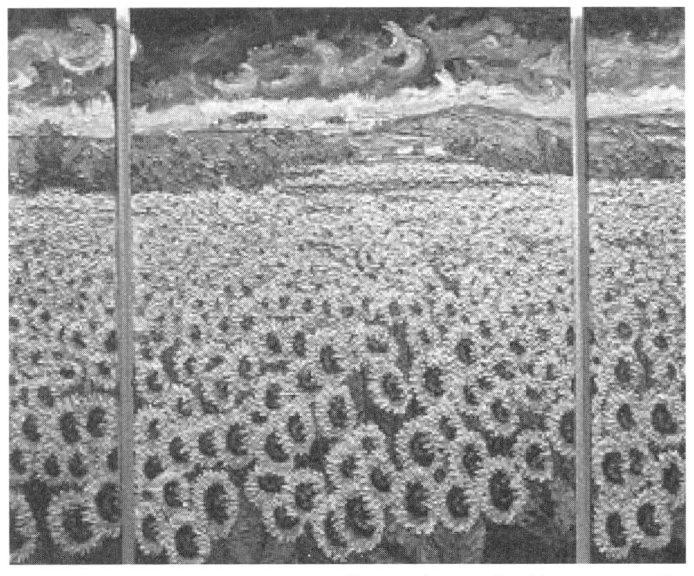

Campo de girasoles, Vincent van Gogh
Óleo sobre tela. Arles, Francia: 1888

Entre todas las flores, ¿qué importa cuál es la más bella? Lo valioso es cuál ayuda a todos los seres a vivir bien. Entre todas las flores, ¿qué importa cuál es la especie más fuerte? Lo valioso es cuál ha logrado que otros seres puedan vivir mejor. Las flores siempre lograrán condiciones superiores de vida para los demás seres vivos. Ese es su lugar en el Universo, para eso están aquí. Si hacer más fácil, más alegre o mejor la vida de otros es una forma de sanar, la base de la medicina está en las flores. Ellas son nutrimento en todos los ámbitos: alimentan el espíritu, el cuerpo, la vida y el estado de ánimo. Son sustento de todos los demás seres y siempre servirán como tal. Las flores pertenecen al mundo más enigmático para el hombre porque poco entendemos de los seres que no necesitan hablar para decir quiénes son. Lo único que necesitan para ser es estar.

DEFINICIÓN DE LA ALEGRÍA COMO MEDICINA

Alegría, al igual que entusiasmo, significa tener a Dios dentro de sí. La Alegría es la manifestación de la conciencia divina, una de las expresiones más importantes para relacionarse con otros, para encontrar puntos de convergencia incluso entre comunidades enteras.

¿QUÉ OCURRE CUANDO PERDEMOS LA ALEGRÍA?

Cuando perdemos la Alegría, nos perdemos a nosotros mismos. No encontramos hacia dónde vamos, porque el camino no nos satisface. No nos permitimos tocar lo más profundo de nuestra alma. Una de las grandes manifestaciones de la inconciencia y la irresponsabilidad hacia nuestro ser es, justamente, perder el sentimiento de alegría.

¿Por qué irresponsabilidad? Porque a eso equivale perder la Alegría, una emoción que nos brinda salud, que nos ofrece un objetivo en la vida y una sensación de pertenecer a algo, en este caso a la Tierra ya que decidiste ser terrenal. Una emoción que nos abre las puertas a la ubicuidad y la unicidad, es decir, que nos permite ser un ser cósmico y al mismo tiempo muy de esta Tierra.

En la vida, nuestras emociones pueden estar relacionadas o aisladas. Es decir, puedes estar alegre sin tener amor, puedes amar sin estar alegre, gozar de fortaleza sin tener amor, ser fuerte sin tener Alegría, amar sin albergar esperanza y vibrar lleno de esperanza, con o sin Alegría. Pero un aspecto esencial para nuestro desarrollo es ser capaces de reconocer y esclarecer los motivos reales de esas emociones.

¿DE QUÉ ENFERMAMOS CUANDO CARECEMOS DE ALEGRÍA?

¿Qué ocurre en nosotros cuando nos falta la Alegría por periodos prolongados de tiempo? La falta de Alegría se manifestará en el diafragma, antes que en cualquier otro órgano. Si bien la risa se manifiesta a través de la garganta, se origina en el diafragma. Por tanto, si dejamos de reír, el movimiento del diafragma llega a ser inexistente. Podemos decir, de alguna manera, que el diafragma se vuelve rígido. De hecho, hay un gran número de ejercicios en la risoterapia, la mayoría de los cuales se apoya siempre en activar el diafragma con movimientos específicos para lograr la risa.

Recordemos que la primera manifestación de la Alegría tiene que ver con sonido, risa, canto y silbido. Esto implica que la repercusión física de la falta de Alegría podría manifestarse en **todos** los órganos relacionados con el diafragma y que tengan que ver con la respiración como el estómago, el bazo, el páncreas, el hígado, la vesícula biliar, los riñones y los pulmones.

La relación entre los diferentes órganos hace que la enfermedad de uno se contagie a otro, por ejemplo: la tristeza se manifiesta en los pulmones, tal como se enseña en la medicina china; pero si el diafragma no se mueve, tenemos problemas con el aparato digestivo. En el fondo, lo que esto manifiesta es que no digerimos la realidad y eso nos entristece, o bien, que la congoja no nos permite digerir la realidad.

Esto no es privativo de la alegría: la falta de cualquiera de las demás medicinas básicas de la vida –Amor, Fuerza, Fe, Esperanza, Verdad o Armonía– por un periodo largo de tiempo puede provocar enfermedades muy graves en el cuerpo, pero sobre todo, enfermedades de la mente y del alma.

Los seres humanos no somos sólo órganos biológicos, y todos nuestros instintos y sentimientos contribuyen a nuestra salud. Entenderlo así es la única forma de encontrar las respuestas a nuestro caminar.

> LA ENFERMEDAD ES LA ENERGÍA MAL EMPLEADA.
> EL CANSANCIO ES LA TRISTEZA NO ACEPTADA.
> EL ALMA SE CANSA CUANDO ESTÁ TRISTE.

LA ALEGRÍA: SU FUNCIONAMIENTO COMO MEDICINA

La Alegría actúa como el más grande antibiótico en la vida, ya que gracias a ella podemos deshacernos de todo aquello que vive a nuestra costa, de todo lo que hemos permitido que nos afecte y se anide en nuestro ser.

De esta manera, un ser optimista genera sus propios antibióticos, así como las endorfinas que apoyarán al sistema inmunológico para proteger al cuerpo de cualquier agente nocivo.

¿Cómo se puede ser optimista si nuestras circunstancias son contrarias a nosotros y a nuestros deseos? Pensemos en algunos pueblos africanos o latinoamericanos. ¿Qué es lo que sucede, por ejemplo, para que la gente en lugares tan proclives a enfermedades virales –por ejemplo, Brasil o Angola– no caiga aniquilada? ¿Por qué en estos lugares podemos ver a las personas más alegres del mundo a pesar de que muchas veces sus circunstancias son extremadamente difíciles?

Lo que los mantiene vivos o evita males mayores es la filosofía de vida basada en la Alegría. Gracias a ella no ha muerto un gran porcentaje de esa población, a pesar de sus condiciones precarias de vida.

La Alegría es la medicina que puede resolver la mayor cantidad de problemas provocados por virus, bacterias, hongos o microorganismos de todo tipo. Entonces, el gran remedio contra las enfermedades virales serán siempre la risa y la alegría de vivir. Esto explicaría por qué los griegos consideraban al teatro un lugar de purificación, sobre todo, en lo relacionado con la comedia y la farsa. Otros ejemplos son el de la espléndida música de Mozart en *La flauta mágica*, o de Rossini en *El barbero de Sevilla*. Ambos autores han sido catalogados como grandes sanadores por la alegría que transmiten en sus piezas.

Esto no es una invitación a dejar de usar antibióticos cuando uno esté enfermo, ni significa que sea correcto que la medicina tradicional no llegue a estos lugares porque son pueblos alegres. Más bien, planteamos que este medicamento universal está a nuestra disposición, sin costo alguno, para ayudarnos a cuidar de nuestra salud, antes de recurrir a los antibióticos alopáticos.

Todas las manifestaciones de la Alegría mueven nuestras emociones.

Nos rejuvenecen y revitalizan. Nadie es bastante viejo ni bastante joven como para no poder reír.

No hablamos de la alegría artificial provocada por las drogas.

En este caso la risa puede parecer auténtica, pero no se debe a causas espontáneas y no ayuda de la misma manera a la liberación de las emociones toda vez que evade el enfrentamiento de la realidad.

Por eso es que esta alegría puede ser sumamente efímera y superficial.

Otro caso es el retratado en la frase aquella de "te ríes para no llorar". Este tipo de actitud es más sano de lo que uno puede pensar porque, al fin y al cabo, hay una liberación, aunque habría que entender qué tipo de emociones se están soltando. Sean cuales sean, siempre es más sano expresarlas que guardarlas, evidentemente, pero deteniéndose un tanto a reflexionar al respecto:

- ¿Qué es lo que estás liberando y qué provoca?
- ¿De qué te hace responsable?
- Después de liberarlo, ¿dónde archivas esa información y qué haces con ella?
- ¿Qué aprendiste?

Para aprovechar esta medicina universal es fundamental conocer primero qué es lo que estás liberando y aniquilando. No se trata de tomarla en dosis reguladas, sino de que tenga un origen regular y permanente.

La Alegría y los 12 signos zodiacales

Elemento	Signo	Cómo manifiesta alegría	Qué le provoca alegría
Tierra	Capricornio	Risa fuerte, ánimo de continuar sus quehaceres.	Obtener resultados, vida cotidiana eficiente y sin complicaciones.
Tierra	Tauro	Risa fuerte e ilógica, comodidad.	Comidas gourmet, rodearse de comodidades y abundancia.
Tierra	Virgo	Disfruta los detalles, deja de criticar, acepta la vida tal cual es.	Actividades manuales, limpiar, ordenar.
Agua	Cáncer	Despierta ternura, ganas de acercarse a la gente.	Estar con las personas que considera su familia, decorar su hogar.
Agua	Escorpión	La alegría es profunda, no es tan notoria como en otros signos.	Descubrir verdades, cumplir sus objetivos.
Agua	Piscis	Intuición despierta, empatía, deseo.	Intuición, baile, pintura, ayuda a otros.

Fuego	Aries	Juego, actividad física y simpatía.	Competencias, deporte, actividad física.
	Leo	Entusiasmo, se le levanta el ego.	Ser el centro de atención, descubrir sus poderes, actividades escénicas.
	Sagitario	Movimiento, creatividad, ejercicio de sus talentos.	Ejercer su inteligencia, viajes, cambios en la vida cotidiana.
Aire	Acuario	Creatividad, inteligencia despierta.	Cambios en su vida, ejercer su capacidad de innovación.
	Géminis	Ganas de platicar, buen humor, ánimo festivo.	Fiestas, reuniones sociales, estudiar, saciar su curiosidad.
	Libra	Humor de celebración, se rodea de belleza, se arregla.	Citas amorosas, visitas a lugares bellos y actividades artísticas.

Trabajo con los sentidos para acrecentar la Alegría

Pintura

Este cuadro representa la alegría de vivir, la capacidad de recrear la luz, la luz de la vida, la luz que cura. Al apreciar el cuadro a color, observa el amarillo. Sólo sabemos que ese color o esa luz es la más importante porque existe el color rojo en contraparte y el cielo resplandece porque hay nubarrones negros. Esa es la verdadera Alegría. Si todo fuera amarillo, no se vería nada; no se entendería de qué se trata la vida. Observa el centro del cuadro (la colina que se aleja) y no veas el resto, tapa todo lo demás. Si no vieras el resto, ¿pensarías que son flores? No puede haber Alegría sin pasión, no puede haber Alegría sin amor.

Música

- "Sinfonía 40, 1er movimiento", Wolfang Amadeus Mozart
- "Obertura de La Cenicienta", Gioachino Rossini
- "Desfado", Ana Moura

Recetas y recomendaciones para acrecentar tu Alegría

Todo lo picante, el café, las frutas y lo floral tienen que ver con la Alegría; por consiguiente, las frutas con chile, la jamaica, la flor de calabaza y los chiles rellenos son la base de una alimentación cuyo objetivo sea recobrar la Alegría. La jamaica es un diurético natural y lo que se libera con ella es la posibilidad de deshacerse de problemas, emociones concentradas y todo aquello que está actuando en contra de nuestra Alegría.

Para la Alegría y la libido

La albahaca y la canela también son estimulantes, al igual que los platillos que combinan lo dulce con lo salado. Éstos elevarán la libido. Los guisos que incluyen jugo de frutas o trozos de frutas son excelentes afrodisiacos y hacen la vida más alegre. La libido también se eleva con perfumes y con flores.

Para fomentar la alegría de vivir

Claveles de amor y alegría

Pon claveles rojos y blancos en la zona que tú consideres que representa el amor en tu casa. Esta receta ayuda a llevar alegría a las relaciones amorosas.

Botana de alegría

Los pepinos cortados y pelados sumergidos en limón, sal y chile son fragmentos de alegría y sirven para fomentarla.

Literatura, cine y teatro

- Libro: *Gabriela, clavo y canela,* Jorge Amado, Alianza Editorial
- Película: *Amigos (The Intouchables),* de Olivier Nakache y Éric Toledano
- Teatro: *El burgués gentilhombre,* de Moliére

Reflexión

- ¿Qué piensas, sientes y crees sobre las enfermedades causadas por la falta de Alegría?

_____

_____

- ¿Qué piensas, sientes y crees sobre la posibilidad de que la Alegría vuelva a vibrar en tu interior?

_____

_____

La Alegría es el primer síntoma de la Sabiduría.

ESPERANZA
El analgésico del Universo

Campo de trigo con sembrador, Vincent van Gogh
Óleo sobre tela, Arles, Francia: 1888

La sabiduría llega a quien la merece, a quien la necesita y, sobre todo, a quien la tiene en su interior. Por eso todos tenemos la esperanza de poseerla.

Definición de la Esperanza como medicina

La Esperanza equivale a abastecer los deseos del ser humano, a iniciar el proceso para realizar un deseo. La Esperanza es una flecha dirigida hacia una meta predeterminada por ti mismo por donde el deseo puede transitar y lograrse en plenitud. La Esperanza incide en el mejor devenir del hombre. Sin embargo, si no eres capaz de tener un objetivo de vida, puedes llegar a perder todas tus esperanzas.

Dice una leyenda china que "la esperanza es como el fantasma que todos los días nace antes del alba y todas las noches muere después del atardecer". Pero la Esperanza por sí misma no es capaz de satisfacer el deseo, para ello necesita apoyarse en otras virtudes. La esperanza se alimenta de la fe, la paciencia y la confianza, y nutre a la voluntad, al poder y al propósito. Por ello su manera de sanar es más compleja e interminable.

¿De qué enfermamos cuando carecemos de Esperanza?

La Esperanza, como el gran tranquilizante, actúa sobre tres partes esenciales del cuerpo: el pensamiento, el corazón y el aparato digestivo, así como en los problemas que de ahí se deriven cuando ella nos falta.

Cuando estamos obsesionados, cuando no podemos con la realidad de nuestra vida y ésta nos supera, cuando el dolor nos paraliza, necesitamos volver a contactar con la Esperanza.

Por ejemplo, una persona tiene la esperanza de ver a otra o bien de solicitar un préstamo o hacer una petición; esta expectativa provoca en primera instancia miedo ("me lo van a otorgar o no lo me lo van a otorgar", "la veré o no la veré"), lo cual afecta de inmediato el ritmo cardiaco. Si permites que la esperanza de que eso suceda se instale en tu corazón, los latidos de éste volverán a ser más armónicos y rítmicos. Es decir, la Esperanza normaliza nuestra sensación e impide que el miedo nos paralice y, por ende, no actuemos en pos de lo que queremos.

La Esperanza ayuda en los casos de pensamientos con exabruptos o irreflexivos, obsesiones y fijaciones, consiguiendo que se encuentre una solución a ellos. Podemos adentrarnos en enfermedades mentales más graves, por ejemplo, la esquizofrenia, la cual también puede describirse como la esperanza de ser alguien distinto de quien se es en realidad. Al no querer verme como soy me convierto en otra o en otras personas. De ahí que se escuchen voces o se tengan múltiples personalidades. Se trata, simplemente, de perder el contacto con mi entorno interior porque no me soporto, porque el mundo no es como yo quiero y entonces es otro.

Lo importante es entender que siempre hay Esperanza. El proceso puede describirse así: tengo miedo, no quiero ver esta realidad, pero hay la esperanza de que las cosas mejoren, momento en el que se forma un puente que puede originarse en el miedo pero que lleva directamente a la Esperanza, y todo se tranquiliza y equilibra. Se realiza una analgesia emocional.

Por otra parte, cuando hablamos de un problema cardiaco, hay que tener claro que éste proviene de la falta de amor, pero empieza por la falta de Esperanza y de todas las virtudes relacionadas con ella.

La Esperanza: su funcionamiento como medicina

Ya explicamos que la Alegría actúa como antibiótico, el Amor actúa como la medicina universal y la Esperanza tendrá una función parecida a la de los analgésicos.

La Esperanza es una virtud complementaria del Amor y de la Fuerza, por lo que por sí misma no es un objetivo, sino un medio. Es la creadora de la fuerza de voluntad indispensable para hacer las cosas que nos son necesarias en la vida.

La Esperanza por sí misma es una fuerza. Pero ¿por qué no todas las esperanzas se cumplen? ¿Por qué no todas son benéficas? ¿Por qué algunas se transforman en obsesiones? Entendamos que hay muchísimas personas sin conciencia que tienen enormes esperanzas, pero se trata de esperanzas complejas, esperanzas de que la situación va a cambiar, de que por fin se van a sacar la lotería, de que finalmente su marido va a dejar de beber, de que volverán a amar y a ser amadas, de que su hijo crecerá como quieren que se desarrolle. Hablamos de esperanzas muy profundas, que incluso pueden ser la base de muchas de las religiones y tradiciones del mundo.

¿Qué diferencia puede haber entre Fe y Esperanza? La Fe es la creencia de que las cosas son. La Esperanza es la posibilidad de que las cosas sean. Muchos pueden creer que las cosas son así y no hay modificación posible, lo cual demuestra no sólo una enorme terquedad sino también un nulo conocimiento de sí mismos. Al fin y al cabo, la Esperanza es tan engañosa como la Fe misma.

Que la Fe existe es demostrable con una sola razón: las personas son capaces de autoconvencerse de cualquier idea o creencia y de convencer a otro de ella, con lo que se generará la Fe. Ahora bien, ¿de qué quieres convencerte tú? Podemos convencernos de todo lo que queramos y acaso ese sea nuestro principal problema y nuestra principal solución.

Mientras tengamos claro a dónde dirigimos nuestros pasos, sabremos claramente a dónde dirigimos nuestras esperanzas, y en este caso podremos usarlas como fortaleza y no como evasión.

La Esperanza y los 12 signos zodiacales

Elemento	Signo	Cómo manifiesta esperanza	Qué le provoca esperanza
Tierra	Capricornio	Tenacidad, eficiencia, organización.	Actuar con efectividad, disciplina y orden.
	Tauro	Perseverancia, disciplina, tenacidad.	Abundancia, disciplina, tener rutinas claras.
	Virgo	Diligencia, relajación, renueva ánimos.	Seguir planes determinados, el trabajo constante, limpiar.

	Cáncer	Se siente protegido, facilidad para coordinar acciones.	Estabilidad material y emocional, cariño de seres queridos.
Agua	Escorpión	Paciencia, agudeza mental, tenacidad.	Tener en mente un objetivo, su tenacidad.
	Piscis	Actitud religiosa, intuición, apertura.	Perspicacia, entrega y compartir sentimientos.
	Aries	Entusiasmo, optimismo, competitividad.	Proyectos nuevos y apoyo de otras personas.
Fuego	Leo	Optimismo, disposición a correr riesgos, orden.	Conciencia de sus poderes, el entusiasmo.
	Sagitario	Optimismo, mucha actividad, disposición a salir adelante.	La aventura, lo desconocido, el optimismo.

Aire	Acuario	Actitud inventiva, buen humor.	Descubrir maneras de cambiar, proyectos colectivos.
	Géminis	Vivacidad, se ocupa de muchas actividades, negocia.	Ejercer su creatividad, descubrir alternativas de acción.
	Libra	Liderazgo, armonía.	Rodearse de amigos, belleza y música.

Plantas que fomentan y desarrollan el sentido de la esperanza

Albahaca	La albahaca tiene propiedades tónicas sobre el sistema nervioso porque aporta vitamina A, C, calcio y hierro, pero lo más importante es que su aceite usado en aromaterapia en casos de depresión y decaimiento físico y emocional deriva en una alta dosis de Esperanza. No sugiero usarla en el embarazo para no confundir las esperanzas de la madre y las del hijo. Es importante dejar que el hijo desarrolle sus esperanzas con independencia.
Caléndula	Actúa como analgésico para el rostro. Ayuda a los dolores que provocan la parálisis facial y los problemas graves de piel. Ayuda a favorecer los procesos de cicatrización de las lesiones del tracto digestivo, del sistema linfático y las glándulas inflamadas.
Cebollín	Favorece la elasticidad de los vasos sanguíneos y retrasa el envejecimiento porque te da esperanza de que la vida pueda ser lo que quieras. También tiene funciones como insecticida, pero en específico contra una emoción: el odio, ya sea a ti mismo o a los demás, o bien, de los demás hacia ti mismo. En estos casos, se abre la posibilidad de reconsiderar tus actitudes. Por tanto, abre la esperanza de un cambio.

Consuelda	Es un gran reestructurante tanto del sistema nervioso como del sistema óseo (se usa en caso de fracturas de huesos que no se pueden enyesar). De esta manera, abre la esperanza de un cambio de vida.
Enebro	Ayuda a excluir los ácidos del cuerpo. Los miedos segregan ácidos para repeler bacterias u otros organismos y a veces para repelerte a ti mismo. El enebro abre la esperanza de que se reduzcan los niveles de ácido en tu cuerpo. De la misma manera, el enebro ayuda en caso de eczemas, soriasis y celulitis, problemas de la piel relacionados con la vida cotidiana.
Estragón	La principal función de esta planta es hacer agradable la entrada de los alimentos al cuerpo humano. Por eso se usa tanto en la cocina francesa y forma parte de las hierbas finas. El estragón facilita la digestión del mundo exterior, abre al ser humano la esperanza de una cotidianidad más sencilla.
Laurel	Representa la excelencia y la sabiduría. Es un árbol sagrado que trae la esperanza del conocimiento, de la sabiduría. Ayuda a que el conocimiento entre en el cuerpo y se deshaga de ideas equivocadas, es decir, reconcilia al individuo con su saber.
Lavanda	Abre la esperanza de no sentirte víctima de los acontecimientos cotidianos. Es por ello que ayuda a combatir el dolor de cabeza, las migrañas y a reducir la presión arterial; cuando se utiliza en el agua del baño ayuda también a reducir los dolores musculares.

Perejil	Es la esperanza de las relaciones interpersonales sin crítica y la esperanza de la convivencia armónica, aceptando a los demás. Por ello previene la artritis y la artrosis (enfermedades originadas por tener una actitud crítica hacia ti o hacia los demás).
Romero	Ayuda a la circulación de la sangre, a que las arterias no se endurezcan y, de esa manera, a que seamos más flexibles con los demás y con nosotros mismos, aprendiendo así a aceptar. La flexibilidad provoca Esperanza. Si tú esperas que las cosas sean mejores, te abres siempre a posibilidades superiores en la vida. El romero sirve así a la reconciliación del ser consigo mismo.
Sábila o áloe	La sábila cicatriza, refresca y es un gran analgésico para la piel, el cabello y todo lo que son laceraciones en órganos internos, debido a que infunde la esperanza de la sanación. La savia de esta planta es la sustancia física más parecida a la Esperanza, por lo que es excelente en cualquier problema cutáneo y quemaduras. En algunas culturas antiguas se colgaba en los umbrales de las puertas, porque limpiaba la casa transformando la energía en Esperanza.
Salvia	Ayuda a que el individuo entre en contacto consigo mismo. Abre un espacio que ayuda a la reflexión personal y abre la esperanza de la autoaceptación.
Tomillo	Abre la esperanza de no sentir dolor de vivir. Es una planta que da esperanza de vida, fuerza, valor y coraje para enfrentar un mundo que no es como tú quisieras que fuera.

Cómo usar estas plantas

Estas plantas pueden utilizarse de las siguientes maneras, que abren opciones para todos los sentidos:

1. Oler la planta (aromaterapia), bien sea fresca o su aceite esencial.
2. Tomarla en tisanas o tés, hirviendo la planta en agua.
3. Tomarla en sopas, hirviendo las hojas o la planta junto con otros ingredientes al gusto.
4. Agregarla como condimento a ciertos platillos específicos.
5. Practicar meditación frente a una vela en la cual se echará una pizca de la planta escogida (seca o fresca).

Trabajo con los sentidos para acrecentar la Esperanza

Pintura

En este cuadro se muestra que se siembra para cosechar. Muchas cosas pueden suceder para que no se logre, pero siempre existirá la esperanza de tener una buena cosecha. El trabajo del hombre está en la parte oscura del cuadro, pero la luz viene por de atrás de él. Por tanto, existe la posibilidad del crecimiento y de la buena cosecha. "Siembro porque tengo la esperanza de que lo que está atrás de mí o frente a mí sea el resultado de mi siembra."

Música

- "Nessun dorma!", de *Turandot*. Giacomo Puccini
- "Signore, ascolta!", de *Turandot*. Giacomo Puccini
- "La vida es un carnaval", Celia Cruz
- "Hakuna Matata" (No te angusties), de la película *El Rey León*, de Walt Disney (para mayor claridad sobre la Esperanza)

Recetas para acrecentar la Esperanza

Dip de cebollín

Ingredientes

- Cebollín
- Queso crema
- Sal
- Pimienta
- Chile en polvo

Procedimiento

Pica el cebollín muy finamente, agrégalo al queso crema y condimenta al gusto con la sal, la pimienta y el chile. Úsalo como entrada o botana.

Infusión para recuperar el apetito
(después de procesos largos de enfermedad o anorexia)

Ingredientes

- Flores de cilantro
- Agua

Procedimiento

Hierve el agua, agrega las flores y retira del fuego inmediatamente. Deja reposar uno o dos minutos y cuela. Esta infusión, que provoca hambre, renueva las esperanzas vitales y la relación con la cotidianidad y modifica positivamente la actitud ante la nutrición.

Antojito de esperanza

Ingredientes

- Pepino
- Yogurt natural
- Eneldo

Procedimiento

Corta los pepinos en trozos con todo y cáscara. Agrega yogurt y un poco de eneldo. Sazona a tu gusto con sal, pimienta y unas gotas de limón.

Literatura, cine y teatro

- Libro: *El amor en los tiempos del* cólera, Gabriel García Márquez, Random House Mondadori
- Película: *La Misión*, de Roland Joffé
- Teatro: *El tío Vania*, de Antón Chéjov

Reflexión

- ¿Qué piensas, sientes y crees sobre las enfermedades causadas por la falta de Esperanza?

  _____

  _____

- ¿Qué piensas, sientes y crees sobre la posibilidad de que la Esperanza vuelva a vibrar en tu interior?

  _____

  _____

> La esperanza es una virtud dedicada a la sorpresa, a la capacidad de realizar lo que la vida tiene que entregar.

FE
El purificador del Universo

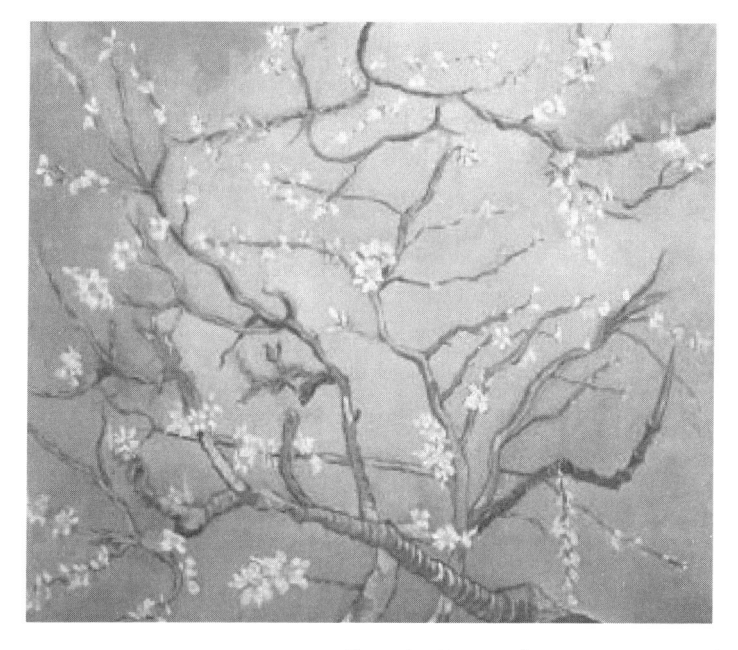

Almendro floreciendo, Vincent van Gogh
Óleo sobre tela, Saint-Rémy, Francia: febrero, 1890

La Fe es un manto gigantesco y terriblemente cómodo.
No importa en dónde caigas, la fe te detendrá.
Al manto llegarás para sostenerte; nada en este mundo
puede dañarte puesto que es una creación tuya.

DEFINICIÓN DE LA FE COMO MEDICINA

El hombre siempre se ha regido por su Fe. Su Fe en sí mismo, en los demás o en lo que no puede ver.

A lo largo de los siglos la confianza o la Fe se transformaron en conceptos de dogmas y religión. De representar una forma llana de comunicación del ser con el Universo, se convirtieron en una comunicación por eslabones que podríamos calificar de difíciles y no permiten el crecimiento libre de ese ser.

Un aspecto riesgoso de la Fe es que existe aunque no haya nivel de conciencia, por lo que puedes tener fe tanto en aquello que te puede dañar como en lo que tiene sentido para tu bienestar personal.

Cuando crees en tus ideas de manera consciente es porque has aprendido a distinguir las ideas que te llevan a un camino de aprendizaje más cómodo que otro. El problema es cuando le tienes fe a ideas que, en lugar de llevarte al conocimiento, te desvían de éste. Cuando tú tienes fe en ideas de manipulación, de limitación o en conceptos que no cuestionas aunque vayan en contra de tu propia lógica, es probable que entres en un círculo de autosabotaje.

Entendida desde esta perspectiva, la Fe suele colocar en tu mente ideas que limitan tu pensamiento, muchas veces con la finalidad de protegerte del verdadero crecimiento y conocimiento, pensando que es más sencillo de esa forma. Por ejemplo, alguien que miente por lo general lo hace porque cree que es la manera sencilla de tener lo que está seguro de que no puede conseguir honradamente.

La Fe es una energía en actividad constante y en permanente conexión con los deseos conscientes e inconscientes de las personas. Si alguien realmente tiene fe en ganarse la lotería lo logra, pero quien sólo finge tener fe en ganarla o usar ese dinero, evidentemente nada logra y puede incluso llegar a rehuir las responsabilidades que tiene que asumir para vivir con más comodidad.

La creencia o Fe es una de las armas más duales y peligrosas de que disponen los seres humanos. Si tú crees que los alimentos te enferman, enfermarás. Si crees que el alcohol trastorna, naturalmente causará estragos en ti. Si crees que el tabaco mata, será muy dañino para tu cuerpo físico. Si crees que tu padre hace cuatro vidas asesinó a tu hijo, se lo reclamarás las siguientes 400 vidas aunque no lo haya hecho. Por otra parte, si crees que un médico te va a salvar, te salva.

La Fe es, al final de cuentas, una virtud, siempre y cuando seas capaz de aprovecharla y de establecer una relación con ella en forma consciente.

Lo que tú crees de ti y lo que crees de los demás, muy probablemente se realizará. Si eres mujer y crees que es bueno ser bella, lo serás. Pero si crees que es mejor ser fea porque te salvas de determinadas cosas, llegarás a cumplir con tu deseo personal de ser fea ante tus ojos, aunque no necesariamente para los gustos de los demás.

¿Cuántas ideas equivocadas tenemos que enfrentar para empezar a reencontrarnos? Aferrarnos a ideas que nos hacen sentir seguros puede significar un retroceso en el camino de nuestra conciencia. Cuesta mucho cambiar ideas equivocadas, especialmente si para nosotros funcionan como armas de autosabotaje y autocompasión que siempre permiten que la responsabilidad de nuestra vida quede en manos ajenas.

En lugar de seguir tradiciones en las que ponemos nuestra Fe, tal vez sería interesante establecer la creencia o la Fe en nosotros mismos. ¿No podemos establecer una tradición de compartir elementos de las fiestas populares, por ejemplo, tan importantes para la convivencia, para poder comunicarnos y estar en un momento felices? Entonces, estas ideas claramente enseñan y llevan a un camino de aprendizaje más largo, más complicado, más doloroso. Nadie niega el derecho a tenerlas, ni el derecho de todo ser humano a poner su Fe en lo que quiera. Se trata de tradiciones pasadas de padres a hijos y los hijos son quienes pueden decidir si las siguen o las cambian, son quienes pueden determinar qué aceptan y qué no, con qué viven a gusto y con qué no.

Al final, todos los caminos te conducen al aprendizaje, ya sea por medio del placer o del dolor. Unos lo hacen con más lentitud que otros, pero todos llevan al aprendizaje. Incluso los seres que vemos perdidos o en retroceso llegan al aprendizaje. Las grandes preguntas son ¿cómo queremos aprender? y ¿qué queremos aprender?

Sólo si somos conscientes podremos actuar de acuerdo con nuestros deseos y con la energía que necesitamos.

La Fe se localiza en la garganta, la zona de la expresión de nuestro ser. Es en la garganta donde tragamos las emociones o donde las soltamos y expresamos. Sólo cuando tenemos Fe en nosotros mismos somos capaces de hacerlas llegar a los demás.

¿DE QUÉ ENFERMAMOS CUANDO CARECEMOS DE FE?

Desde que nacemos creemos que nosotros le damos órdenes a nuestro cuerpo y él nos obedece. No siempre es así y no siempre es esto tan cierto.

La fe corporal se basa en la idea de que hay muchos mecanismos inconscientes que manejan tu cuerpo: la propia respiración o el funcionamiento de órganos internos no son completamente ajenos. Pero nuestro cuerpo sabe funcionar sin nuestra conciencia, lo cual nos desafía, sobre todo en lo que respecta a lo que creemos sobre el control de nuestra vida y de nuestro ser. Cabe, entonces, cuestionarnos ¿realmente controlamos nuestra vida?

Dar permiso para que la parte menos consciente de nosotros se manifieste es imposible si no contamos con la fe en nosotros mismos. Entender que tener tranquilidad y confianza en que nuestro cuerpo hará lo que necesite hacer, es el principio de nuestra fe corporal.

Tener fe en que una parte de nosotros va a hacer lo que sea necesario para estar bien (si ese es nuestro verdadero deseo) es el principio para, efectivamente, estar bien. Creer que lo que vemos y lo que analizamos es lo que en verdad queremos ver y analizar; que si necesitamos cambiar algo en nuestra vida, tendremos las herramientas para hacerlo y que ese cambio será benéfico para nosotros. La certeza de que hacemos lo mejor que podemos cada día y lo disfrutamos, es imprescindible para poder vivir en armonía con nosotros mismos.

Mientras nos sigamos exigiendo actuar de esta o de otra manera, seguiremos gestando nuestra propia frustración; mientras sigamos exigiendo a los demás seguiremos agrandando nuestra soledad.

La fe en nosotros nos permite dejar de sentir que estamos a prueba, que debemos satisfacer los deseos o las expectativas de otros. Quien ha pasado toda la vida aprobando o desaprobando es quien ha permitido ser aprobado o desaprobado, lo cual es un error porque nadie tiene la autoridad real para hacerlo.

La Fe es un purificador. Cuando somos capaces de incorporarla a nuestro cuerpo físico de manera evidente, nos ayuda a deshacernos de lo que nos han dicho acerca de qué debemos creer o de cómo debemos vivir.

Una característica de la Fe que conviene tomar en cuenta es que podemos colocarla donde sea. Muchos creen que es otro el que puede resolver sus problemas, que es exclusivamente a otra persona a la que pueden amar y no a sí mismos; en fin, deciden creer en lo que quieren o inventar en su interior historias a veces poco verosímiles en nombre de esa virtud. Y esto, por supuesto, tiene repercusiones en su bienestar físico.

No hay una sola persona que no tenga fe en algo; todos creemos en algo. Toda Fe lleva al conocimiento, pero es el cuestionamiento lo que lleva a la conciencia de esa Fe y no hay Fe consciente que no lleve a un cambio de ideas y de actitudes ante la vida y nuestro cuerpo físico.

LA FE: SU FUNCIONAMIENTO COMO MEDICINA

LOS BAÑOS

La mejor manera de acercarnos a esta medicina es estar cerca del agua: baños, jacuzzis, caídas de agua sobre tu cuerpo, vaporizaciones, estar en contacto con el mar y cascadas. Todo lo que tenga que ver con disfrutar el agua por un largo periodo.

Los baños de flores y laurel normalmente establecen la relajación necesaria para comenzar a reflexionar e interiorizar. Estar en contacto con la Verdad y el Amor que éstos, junto con el agua, implican, te ayuda a tomar decisiones claras y determinantes; esto sólo puede ocurrir cuando nos tenemos Fe.

Si sumergimos la cabeza en el agua comenzamos a escucharnos a nosotros mismos. Las frases que digamos a nuestro ser interior tienen mucha más fuerza cuando las decimos debajo del agua, sobre todo si dejamos que ésta tape nuestros oídos y mantenemos la cara fuera de ella. Esto resuena de manera distinta en nuestros siete cuerpos.

Por lo general los baños producen cambios muy fuertes e inmediatos en el estado de ánimo: tranquilizan, relajan, dejan que las cosas fluyan y que la mente se aclare para encontrar soluciones o deshacerse de ideas que nos estorban.

Consejos y recomendaciones

Deseo transmitirte los siguientes consejos y recomendaciones sobre los baños para fomentar nuestra Fe:

- Tómalos en lugares cerrados y cubiertos cuando quieras concentrar la atención en problemas del ser con el ser.
- Tómalos al aire libre para que te ayuden con problemas relacionados con el ser y su entorno.
- Toma baños comunales para resolver los problemas de relaciones de las personas que los comparten.
- Si en esos baños incluyes flores, podrás hacer reflexiones sobre el Amor.

- Si incorporas hierbas, podrás cavilar sobre la Verdad.
- Si incluyes aromas, te abrirás a la meditación sobre asuntos cotidianos.
- Si realizas una inmersión en el mar, ésta te ayudará a alcanzar la renovación, por ejemplo, a reconstruir tu ciclo de vida o renovarte como ser humano. Además, todo lo que tiene que ver con el mar y la renovación es consecuencia de un camino de Fe en que las cosas pueden suceder.

La renovación obtenida en los baños será un gran impulsor de la autoaceptación, primer paso para obtener la aprobación de los demás, si eso es lo que deseas. En tanto no seamos capaces de aceptar quiénes somos, no estaremos preparados para aceptar los errores de otros.

Si viviéramos en un mundo mejor la palabra error no existiría; de hecho, no hay equivocación posible. Todos hacemos lo que en realidad queremos hacer y lo que en ese momento consideramos mejor para nuestro aprendizaje, aunque en ocasiones eso signifique autosabotearnos.

Podríamos decir que toda idea que está cambiando con frases determinantes es un trabajo de Fe.

La Fe y los 12 signos zodiacales

Elemento	Signo	Cómo manifiesta fe	Qué le provoca fe
Tierra	Capricornio	Comprensión de las leyes del Universo, humanización, calidez.	El orden, la eficiencia, lo tangible.
	Tauro	Tranquilidad, deseos de moverse, placer profundo.	La observación de las manifestaciones de lo intangible.
	Virgo	Trabajo permanente y tranquilo, purificación.	La depuración, el análisis.
Agua	Cáncer	Actitud religiosa, confianza en su intuición.	El cariño, la solidaridad, el bienestar.
	Escorpión	Introspección, silencio, intuición, vitalidad.	Intuición, sus emociones profundas.
	Piscis	Tranquilidad, confianza en lo que siente e intuye.	El equilibrio, la intuición, la integración de polos opuestos.

Fuego	Aries	Impulso, ternura, vitalidad, luz para sí mismo.	Obtención de resultados.
	Leo	Agradecimiento, relajación, ejercicio de sus poderes.	Resolución de problemas.
	Sagitario	Da un sentido definido a su vida, animosidad.	Los viajes, el entusiasmo, la meditación.
Aire	Acuario	Apertura, realiza cambios con un objetivo específico.	La solidaridad, el cambio en su entorno.
	Géminis	Compasión, actitud de comunicación, confianza en lo que sabe.	Generación de acuerdos, transmisión de ideas.
	Libra	Confianza en sus relaciones, búsqueda de la belleza.	La armonía, observación de obras de arte, actos de justicia.

Trabajo con los sentidos para acrecentar la Fe

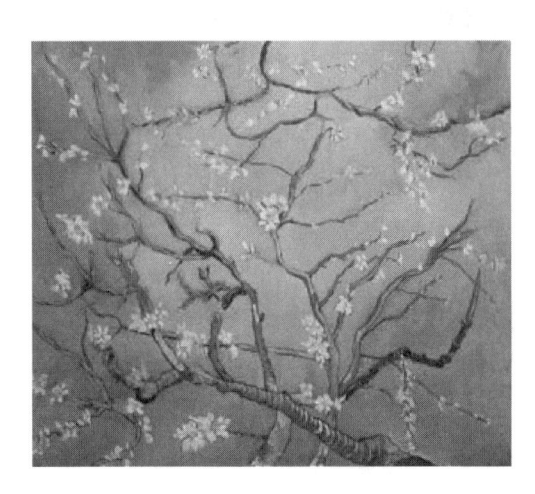

Pintura

Sólo quien tiene Fe en sí mismo es capaz de crecer. Un árbol como el retratado en esta maravillosa obra nunca duda de sí mismo. Ésta es la representación de la Fe en su manifestación más pura y más sutil.

Música

- "Si, ritrovarla io giuro", de *La Cenicienta*. Gioachino Rossini
- "Deh vieni, non tardar", de *Le Nozze di Figaro*. Wolfang Amadeus Mozart

Recetas para acrecentar la Fe en tu vida

Para establecer contacto con nuestro interior

Ingredientes

Dos cubetas rellenas de:
- Agua muy caliente
- Agua muy fría

Procedimiento

Sumerge los brazos hasta los codos en el agua muy caliente durante cinco minutos y posteriormente otros cinco minutos en el agua muy fría. Es una manera de ponernos conscientemente en contacto con nosotros mismos. Ayuda a pensar, tomar decisiones, encontrar soluciones y calmar emociones muy fuertes.

Baño contra los dolores musculares

Ingredientes

- Hojas de laurel
- Agua

Procedimiento

Prepara una infusión de hojas de laurel y viértela en el agua de la tina de baño. Se aconseja para los dolores musculares y la falta de vigor.

> Todo alimento preparado con el laurel lleva a un encuentro con la Fe.

Aceite para dolores reumáticos, luxaciones y torceduras

Ingredientes

- Aceite esencial de laurel
- Aceite de almendras dulces

Procedimiento

Mezcla los dos aceites en medidas iguales. Frota el área adolorida con la mezcla para aliviar dolores reumáticos, luxaciones y torceduras.

Para mejorar el sueño

Antes de dormir, en el momento justo en que sientas que te estás quedando dormido, ora y expresa tu deseo de que tu sueño sea reparador. Esta costumbre libera tensiones y prepara la mente para hacer de tu sueño una meditación.

La actividad sexual dedicada al cuerpo y a la mente propicia el contacto con tu ser. Libera y purifica tu energía, por lo que el sueño después del acto amoroso normalmente es profundo y satisfactorio, y se vincula con tu ser interno.

Para las personas que no pueden conciliar el sueño lo más recomendable son infusiones de tila y de lechuga; la lechuga hervida limpia tu cuerpo de energía negativa y con ello permite que tu conciencia se centre en la capacidad de entenderte y ayudarte.

Asimismo, el baño nocturno con hojas de lechuga o con flores y esencias propiciará un buen dormir con la limpieza y purificación de la energía consecuentes.

El ejercicio físico antes de dormir sólo se recomienda en caso de que haya energía contenida o retenida.

LITERATURA, CINE Y TEATRO

- Libro: *La catedral del mar*, Ildefonso Falcones de Sierra, Editorial Grijalbo
- Película: *Hermano sol, hermana luna*, de Franco Zeffirelli
- Teatro: *Beckett o el honor de Dios*, de Jean Anouilh

REFLEXIÓN

- ¿Qué piensas, sientes y crees sobre las enfermedades causadas por la falta de Fe?

　

- ¿Qué piensas, sientes y crees sobre la posibilidad de que la Fe vuelva a vibrar en tu interior?

　

> LA FE TIENE QUE VER CON EL ENLACE CON LOS OTROS MUNDOS, CON EL UNIVERSO ENTERO Y CON ENTENDER QUE NO ESTAMOS SOLOS.

VERDAD
El sedante del Universo

Groot-Zundert, Holanda, Vincent van Gogh
Óleo sobre tela

La Verdad es ofensiva para quien no quiere ver.
Es atravesar el ojo de una aguja para encontrar el mundo infinito,
y sus múltiples caminos y opciones.
La Verdad aparece sólo si la quieres ver y enfocar.
Si no, se diluye en un sinfín de explicaciones de lo más diversas. La Verdad implica aprender a ver, escuchar, oler, palpar, saborear, intuir. No es retroceder, sino querer avanzar. Es amar la vida, tu ser, tu entorno, lo que eres y hacia dónde vas. Es una sensación de visualización, de amor y de placer por lo que es y está. Es el final de las dudas y la recuperación de la certeza.

Definición de la Verdad como medicina

La actitud ante la Verdad

Lograr ver cuál es la parte de la Verdad que uno no acepta es tarea difícil. La capacidad para digerirla es muy compleja y, de no realizar esta función, el cuerpo dispone de dos opciones: retener todo lo que puede o expulsarlo por cualquier parte.

No es posible expresar la Verdad con eficacia dentro de un lapso de tiempo mínimo en tanto no se tenga una idea clara de las situaciones. Si pensamos de manera circular, es decir, todo el tiempo en una misma cosa, este lapso puede extenderse indefinidamente. No es cuestión de tiempos, sino de tomar decisiones; saldrá lo que tiene que irse o lo que yo quiero que salga.

Son diferentes las circunstancias en que se determina qué verdad es la que el individuo es capaz de ver para llegar a una vejez sin remordimientos. Si se alcanza una edad madura de esta forma, seguramente la transformación al dejar el cuerpo físico será sencilla, cómoda, rápida y carente de problemas e incomodidades para nadie. De eso es de lo que se debería tratar el aprendizaje de la vida.

Con el aumento de la esperanza de vida ha aumentado para muchos seres la cantidad de años en los cuales acumular remordimientos. Por ello lo que hay que buscar es que las medicinas sirvan para una toma de conciencia y así, al ser capaces de evolucionar en la salud física, también podrán serlo para transformarse en su fuero interno. Por ende, el propósito es vivir mejor en este mundo, no entrar en conflicto, sino vivir más plenamente.

Todos hemos sido educados con base en lo que cada familia, grupo o cultura toma como verdades. Conforme recorremos nuestro camino y observamos otras cosas, nos damos cuenta de que algunas de estas ideas familiares eran equivocadas y lo que pensábamos que era la Verdad absoluta no lo era. De pronto, descubrimos que hay otras formas de observar la vida. Ser inteligente y flexible te permites verlas de otra manera y aceptar todas las demás tradiciones o culturas, con todos los otros pensamientos y las corrientes restantes.

Quien en realidad quiere encontrar la Verdad desde el fondo de su ser, acepta y escucha las demás ideas. Quien no se interesa por ella, se queda con su idea y no escucha ninguna otra. Si bien son actitudes distintas, la Verdad no cambia, es única, indivisible y absoluta, esa que no está al alcance del ser humano o, por lo menos, no en su totalidad.

Por eso, para cada uno de nosotros la Verdad tiene una cara diferente de acuerdo con su ética personal.

Lo que el individuo quiere aceptar no tiene que ver precisamente con la Verdad, sino consigo mismo.

La Verdad está ahí y él la acepta según lo que decide aprender, consciente de que esa Verdad representa la única manera de salvar el dolor.

¿De qué enfermamos cuando carecemos de la Verdad?

Lo que enferma es la mentira

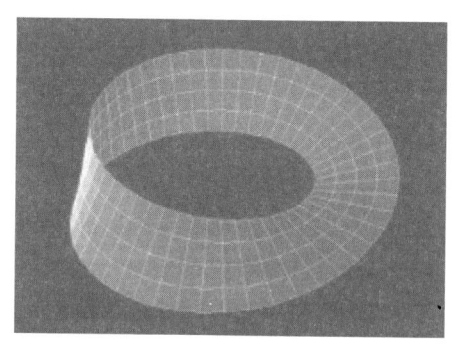

No ha habido en la historia del mundo una mentira que perdure a lo largo de una vida completa sin que una parte de la conciencia se percate de ello. Por consiguiente, ¿por qué no intentar encarar la vida viendo la Verdad de frente? Es más sencillo caminar en línea recta que verse atrapado en una banda infinita formada por nuestras propias mentiras.

Cuenta los días por las alegrías,
la vida por los días felices,
la noche por las estrellas que la alumbran y
los jardines por las flores que los tapizan.
Cuenta las cosas hermosas de tu vida,
deja de caminar en círculos cuando hay líneas rectas.
Cesa de mentirte e intenta no ocultarte ya ante los demás.

Deja de preguntarte lo mismo una y otra vez sin encontrar respuesta; cuando una pregunta no encuentra respuesta, es porque está mal planteada. Elabórala desde otro punto de vista, permítete abrirte a un nuevo camino libre de cuestionamientos vanos.

Al entender los senderos serás capaz de transitarlos con alegría, tranquilidad y serenidad, sin ira y sin forzar las cosas. La vida no es una lucha, es un proceso de construcción encaminado siempre hacia la Verdad.

La Verdad: su funcionamiento como medicina

La Verdad funciona como un sedante, de un modo mucho más poderoso que la Esperanza.

Se considera como el sedante universal porque, por lo general, el dolor es producido por la falta de Verdad. La Verdad no es dolorosa por sí misma, por el contrario, te libera del dolor. El dolor viene cuando enfrentas la Verdad a la mentira y esta última es aparentemente más bella que la primera. La mentira corresponde más bien a lo que el ser humano desearía que fuera la realidad y al no responder a sus deseos llega a causarle dolor y tristeza.

La Verdad puede usarse como medicina, en principio, con todo lo relacionado con el elemento agua: ayunos a base de líquidos, bien sea jugos o agua pura, y baños con hierbas aromáticas, minerales y lodo o acompañados por la luz de velas sin aromas.

El trabajo con el elemento Agua tiene que ver con la purificación profunda de los siete cuerpos del ser humano, no sólo del físico. Si combinamos el elemento agua con el elemento aire observaremos a la Verdad frente al Amor. En el caso de tratamientos como los baños aromáticos, al entrar en contacto con el agua puedes llegar a percibir imágenes o ideas importantes referentes a tu pareja amorosa, así como lo que tiene que ver con las relaciones con los demás. En los tratamientos a base de líquidos, la Verdad y las imágenes que percibes en tu interior están vinculadas con la realidad de la existencia del ser.

La Verdad conectada con el elemento Tierra tiene que ver con la vida diaria, la verdad económica, la del quehacer cotidiano. Por último, cuando está unida al elemento Fuego, se asocia con la claridad en tus emociones primigenias y en tus instintos.

Tomar una copa de vino durante el baño o leer por placer son actividades que ayudan mucho al desarrollo de nuestra verdad. Pensar en ella puede ser muy agobiante, pero también muy liberador; todo depende de cómo asumas tu responsabilidad ante esa virtud.

La Verdad se relaciona con las articulaciones, las cuales tendrán que ver con la flexibilidad para aceptarla, pero también con órganos internos, estructura de vida, huesos, dientes. La falta de Verdad enferma cualquier parte del cuerpo físico y sin ella nunca podrás estar completamente sano.

La Verdad y los 12 signos zodiacales

Elemento	Signo	Cómo manifiesta verdad	Qué le provoca verdad
Tierra	Capricornio	Construcción y cumplimiento de objetivos con más eficiencia.	Investigación y análisis para cumplir un objetivo.
	Tauro	Comprensión, empatía.	Reflexión y flexibilidad.
	Virgo	Análisis claro, inclusión de conocimientos y observación de detalles.	Análisis, búsqueda de la armonía de un lugar o situación.

Agua	Cáncer	Manifestación de sabiduría y escucha a otros seres.	Impartición de clases, apoyo a otros, transmisión de lo que sabe.
	Escorpión	Expresión clara de emociones y de lo no racional.	Intuición, meditación, acceso al mundo.
	Piscis	Sensación de aceptación y reconciliación consigo mismo y con el entorno.	Sensibilidad, compasión, cariño.
Fuego	Aries	Se vuelve un líder, da sentido a sus acciones.	Comprensión de que se es parte de un grupo.
	Leo	Mayor conciencia de sí mismo, humildad, transformación.	Entendimiento, expresión de lo que se siente y piensa.
	Sagitario	Talentos, sentido de la vida.	Búsqueda del sentido de sus acciones, entendimiento de sus habilidades.
Aire	Acuario	Busca innovar a partir de lo que sabe y comprende.	Creación de nuevos patrones de conducta y formas de hacer.
	Géminis	Comunica, entiende la vida desde distintas perspectivas.	Estudio y diálogo con personas con enfoques distintos.
	Libra	Gracia, comprensión del sentido profundo de lo bello.	Análisis y apreciación de obras artísticas, conversación con otros seres.

Trabajo con los sentidos para acrecentar la Verdad

Pintura

Van Gogh es capaz de modificar la realidad transformándola en una visión personal. En este cuadro se hace una fotografía de la realidad con un trazo muy diferente. El artista copia la Verdad tal cual es y, sin embargo, ésta no es la realidad. La Verdad sólo existe fuera de la Tierra, en tanto que la realidad existe en la Tierra y tiene una cara para cada persona. Lo importante es ser suficientemente valientes para verla, aceptarla y vivirla. En un extremo del cuadro, a la derecha, en la parte inferior de los nubarrones, puede apreciarse un ente: ¿es verdad o es realidad? Con una pincelada aparece algo parecido a un ángel. La Verdad funciona de forma diferente en el Universo que en la Tierra, pero esto no significa que no haya que enfrentarla o mirarla a la cara. En el cuadro todo está detallado al máximo, salvo los seres humanos que, sin ojos ni cara, ya no ven la Verdad.

> **Música**

- *Cello Suite*, Johann Sebastian Bach
- "Adagio", Tomaso Albinoni
- "Feeling good", Nina Simone

> **Recetas para acrecentar y contactar con la Verdad en tu vida**

Loción para encontrar la verdadera posición del ser humano en la Tierra

Ingredientes

- Musgos y líquenes secos o frescos
- Agua

Procedimiento

Sumerge los musgos y líquenes en el agua y déjalos serenar toda una noche. Cuélalos. A partir del día siguiente usa esta loción para friccionar todo tu cuerpo. Estos ingredientes son creadores de los aromas de la humildad. Cuando olemos un bosque recordamos nuestra pequeñez frente al Universo.

Pócima para abrirnos a escuchar a nuestro ángel

Ingredientes

- Pétalos de margarita
- Agua

Procedimiento

En un tazón pequeño o en un vaso de vidrio –nunca de plástico–, coloca los pétalos en el agua y déjalos serenar toda la noche. Toma la pócima por la mañana, antes de desayunar, durante quince días.

Recomendación para la vida cotidiana

Todo lo que tenga olor de madera y los perfumes que de ella emanan, en especial cuando se queman cerca de una persona enferma, le ayudan a crear conciencia de su estancia en la Tierra y a vivir la vida cotidiana, es decir, a empezar a sentirse más apegada al planeta y, de esa manera, a tener más conciencia de su estar en este mundo.

Este tratamiento sirve en particular para personas que se encuentran en estado de coma, pues con él podrán darse cuenta de que se han ido, pero que pueden regresar; o bien, pueden decidirse a marcharse, decisión con la cual la familia dejará de sufrir.

Literatura, cine y teatro

- Libro: *El Principito*, Antoine de Saint Exupery, Editorial Alfredo Ortells
- Película: *Blue Jasmine*, de Woody Allen
- Teatro: *El enfermo imaginario*, de Molière

> **REFLEXIÓN**

- ¿Qué piensas, sientes y crees sobre las enfermedades causadas por la falta de Verdad?

  _____

  _____

- ¿Qué piensas, sientes y crees sobre la posibilidad de que la Verdad vuelva a vibrar en tu interior?

  _____

  _____

> La Verdad es el Universo, la realidad, lo que el ser humano es capaz de ver.

ARMONÍA
El integrador de las Medicinas Universales

Lirios, Vincent Van Gogh
Óleo sobre tela, Saint-Rémy, Francia: mayo, 1889

> *El mundo forma parte del Universo*
> *y el Universo es armónico.*

DEFINICIÓN DE LA ARMONÍA COMO MEDICINA

Las leyes del Cosmos establecen correlaciones entre objetos, personas, seres vivos e inanimados.

La Armonía no tiene que ver con lo estático, sino con el vívido cambiar, con la relación entre el bien y el mal, el vivir, el estar y el morir.

Las leyes del Universo explican los diferentes caminos que el hombre puede tomar.

¿Por qué escoge uno u otro?

Esos son los misterios de su corazón. Todo se relaciona porque es imagen del otro. Como es arriba es abajo; así como funciona un átomo, funciona el mundo entero. Y no hay criatura, por pequeña que sea, cuyas decisiones no afecten al Infinito.

La característica principal de la Armonía es que logra que te acerques a tu entorno de manera dulce, íntegra y equilibrada, es decir, que seas capaz de interactuar con los que te rodean con una actitud sana y eficiente.

La Armonía como medicina siempre tiene que ver con la integración con el medio natural, el social o el intelectual, o incluso contigo mismo para que tu vida marche mejor. Así, su función médica es ser un integrador contigo y con el Todo. Como ves, se trata de una función que no existe en la medicina alopática y, sin embargo, es muy necesaria para tu acontecer diario.

¿De qué enfermamos cuando carecemos de Armonía?

La Armonía es la medicina universal que determina la integración del ser a su entorno. Tiene que ver con sentirse cómodo en la Tierra manteniendo un equilibrio entre la Libertad y la Tranquilidad, la Paz y la Estabilidad, la Fuerza y la Humildad. Debido a tales características esta virtud puede ayudar a resolver todo problema relacionado con el chantaje y la manipulación, y por ello con las enfermedades dermatológicas. Recordemos que estas actitudes son una forma de incidir en el entorno, mas no de integrarse armoniosamente con él.

La Armonía implica que, aunque seas distinto, entres y te integres al mundo –sea cual sea ese mundo– y te atrevas a hacer lo que quieras con tus propias características. Al final de cuentas, la Armonía no es otra cosa que la capacidad de formar parte de un todo, sin dejar de ser tú.

Armonía tiene que ver con que todos los elementos del Universo estén en su correcto lugar y den la nota que deben dar para que se construya la sinfonía universal.

El equilibrio es la relación entre dos fuerzas iguales –o tres, o siete en este caso–, representadas por tus centros energéticos. Pero si se llega a perder el equilibrio entre esas fuerzas también se pierde la Armonía porque en ese instante, esos cuerpos ya no están en el lugar debido o en el óptimo sitio para dar lo mejor de ellos. Entonces, en vez de dar una nota, lo que se emite es una estridencia, lo contrario de la Armonía.

Lo anterior significa que la Armonía está presente en cuanto das la nota exacta en el Universo.

En resumen, la Armonía está presente en tu vida:

- Cuando estás conectado con todas las fuerzas de la Tierra, es decir, cuando percibes colores, texturas, aromas, sabores, sonidos. En el momento en el que vives esta experiencia, puedes estar en Armonía.
- Cuando trabajas el fortalecimiento de los siete cuerpos y los siete centros con las diferentes herramientas que hemos visto en los capítulos anteriores. Recuerda, la Armonía es la integración de todas las medicinas existentes.

LA ARMONÍA: SU FUNCIONAMIENTO COMO MEDICINA

Para lograr contactar con ella, lo primero que necesitas es unir tus siete centros energéticos; para ello, revisa ese capítulo en el libro *Aprender a vivir bien en la Tierra con la magia del número 7*.[4] Ahí encontrarás los diferentes movimientos de las manos con los que se facilitará trabajar y activar tus siete chakras. Otra manera de llegar a esa virtud es a través de la música. En efecto, ya vimos que la nota La representa la Armonía Universal; si sabes cómo cantarla, obtendrás muy buenos resultados mientras unes tus siete centros. Una forma diferente es armonizarte con la música que te he sugerido para cada uno de ellos.

Para encontrar la Armonía con más profundidad, nada mejor que la música que integra los siete centros energéticos, es decir,

---

4 Rothhirsch, Arlette, *Aprender a vivir bien en la Tierra con la magia del número 7*, Editorial Pax, 2013.

música de los orígenes, canciones muy básicas del ser humano. Para ello tenemos como un excelente ejemplo la música celta que tiene mucho que ver con la estructuración y los sonidos de los orígenes de la Tierra. A partir de estos sonidos puedes lograr el equilibrio a lo largo de la columna vertebral, centrarte y así conectar con cada uno de los centros.

EJERCICIO

Emite suavemente cada una de las notas haciéndolas coincidir con cada uno de los siete centros y el símbolo que les corresponde:

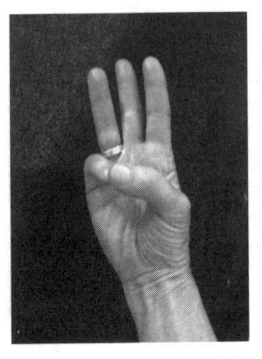

Do: centro energético 1, símbolo de Tierra, localizado en el perineo

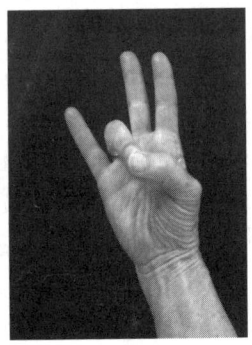

Re: centro energético 2, símbolo de Agua, localizado entre el hueso púbico y el ombligo

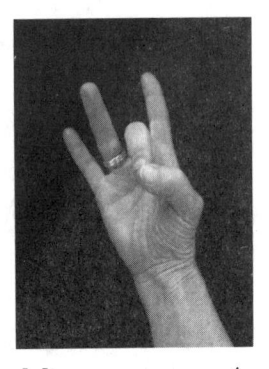

Mi: centro energético 3, símbolo de Fuego, localizado entre el ombligo y la boca del estómago

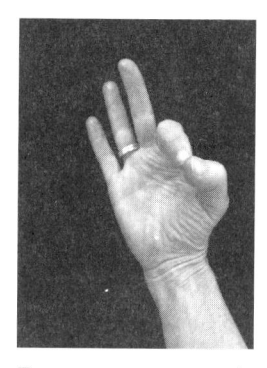

Fa: centro energético 4, símbolo de Aire, localizado en el centro del pecho

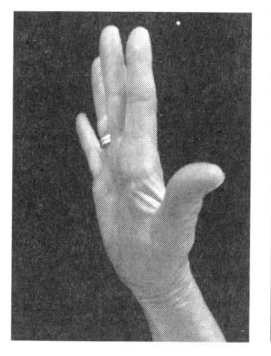

Sol: centro energético 5, símbolo del Sonido, localizado en la garganta

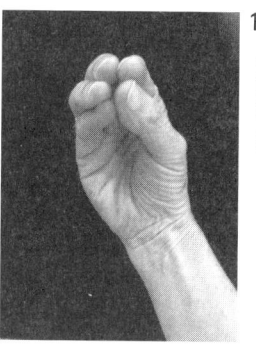

La: centro energético 6, símbolo de la Luz, localizado al centro de la frente

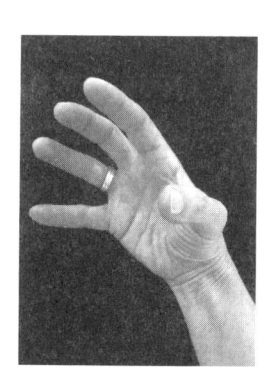

Si: centro energético 7, símbolo de la Conciencia, localizado en la coronilla

En cada posición te sugiero realizar al menos cinco respiraciones completas muy lentamente, para que puedas sentir los cambios en tu interior y, por fin, realizar un equilibrio perfecto en tu cuerpo logrando la Armonía con los elementos, en tu interior, en el exterior y con el Universo.

> Una emoción como el perdón tiene por síntoma la curación. La alegría tiene por síntoma el buen color de la piel.
> La paz interior tiene por manifestación el brillo en los ojos.
> La Armonía tiene por expresión el agradable timbre de la voz.

La Armonía y los 12 signos zodiacales

Elemento	Signo	Cómo manifiesta armonía	Qué le provoca armonía
Tierra	Capricornio	Vida organizada, equilibrio entre lo práctico y lo espiritual, relajación.	Organizar tareas, equilibrar su vida práctica con sus emociones.
	Tauro	Vida placentera, fuerza física, estabilidad.	Moverse, deshacerse de lo que no le sirve, la serenidad, disfrutar de lo que lo rodea.
	Virgo	Contacto más emocional con los demás, limpieza sin obsesiones.	El respeto, la tolerancia, el escuchar a otros, el servicio y la capacidad de análisis.

Agua	Cáncer	Libera miedos, deja que las cosas fluyan, vida más agradable con amistades y familia.	Permitir que las cosas fluyan, tomar una actitud introspectiva, bailes de pareja.
	Escorpión	Uso de su conocimiento e intuición suavemente y en beneficio propio y de otros. Vida menos dolorosa y más cercana a los demás.	Danza (solo o acompañado), meditación, ejercicios de relajación.
	Piscis	Alivio de dolores y miedos, transformación, aceptación del mundo que lo rodea.	Natación, meditación, equilibrio de su mundo interior con lo que lo rodea.
Fuego	Aries	Liderazgo amable y compasivo, risa.	Asumir su capacidad de liderazgo, su capacidad de asombro.
	Leo	Entusiasmo, calidez, humildad, reconocimiento de su lugar en el Universo.	Reconocer su importancia y la de otros, sentirse acompañado, centrar sus esfuerzos en un solo sentido.
	Sagitario	Viajes y adquisición de conocimientos de forma serena, agradable, explotación de talentos.	Creatividad, momentos de buen humor.

Aire	Acuario	Amistades muy agradables, cambios placenteros y divertidos.	La creatividad, la alegría, el conocer nuevos horizontes.
	Géminis	Integración de conocimientos, conversaciones interesantes, ingenio y creatividad.	Ver una situación o problema desde distintas perspectivas, conciliar sus intereses diversos, platicar.
	Libra	Relaciones estables y amenas, embellecimiento del entorno, aceptación de la vida y lo que lo rodea.	Ejercer alguna actividad artística, las reuniones amistosas, compartir con otras personas.

Trabajo con los sentidos para acrecentar la Armonía

Pintura

La Armonía implica que, aunque seas distinto, entres y te integres al mundo —cualquiera que sea— y te atrevas a hacerlo con tus propias características. Observa que por eso hay un lirio blanco que se integra a los demás como único e irrepetible. No hay un lirio que sea igual a otro. Este lirio blanco destaca por ser de otro color, pero eso no quiere decir que no se integre a los demás. La armonía es la capacidad, sin dejar de ser tú, de formar parte de un todo.

Música

- "Concierto para cello", primer movimiento. Edward Elgar
- "Concierto para cello", primer movimiento. Antonin Dvorak
- Concierto "Desde un nuevo mundo", Antonin Dvorak
- Música celta

Recetas para acrecentar la Armonía

Flores

Para ir al encuentro de la Armonía, deja serenar toda la noche en un vaso o tazón de vidrio con agua, clavel, jazmín y cempasúchil, que son plantas que poseen la vibración de la Armonía. Toma el agua por la mañana durante quince días. También puedes emplear estas flores en tisanas o bebidas calientes hechas con ellas, y así desarrollar y acrecentar esa virtud.

Elixir de naranjas

Corta en rodajas algunas naranjas sin piel. Hiérvelas con un poco de azúcar, cúbrelas con jugo de naranja, y agrega un poco de brandy o ron, hasta que logres hacer un elixir. Este postre, además de delicioso, te ayudará a que tengas un encuentro con la Armonía.

Literatura, cine y teatro

- Libro: *El pobre de Asís*, Nikos Kazantzakis, Lumen Argentina
- Película: *Medianoche en París*, de Woody Allen
- Teatro: *La vida es sueño*, de Pedro Calderón de la Barca

Reflexión

- ¿Qué piensas, sientes y crees sobre las enfermedades causadas por la falta de Armonía?

_____

_____

- ¿Qué piensas, sientes y crees sobre la posibilidad de que la Armonía vuelva a vibrar en tu interior?

_____

_____

> La Armonía que sientes tiene que ver con intuir que estás haciendo lo que te indica el corazón, para que tu Ser pueda expandirse todo lo que necesita.

FUERZA
Las vitaminas y minerales universales

Noche estrellada, Vincent van Gogh
Óleo sobre tela, Saint-Rémy, Francia: junio, 1889

*Llegar al conocimiento es un camino profundo y complejo.
Todo mundo llega a él como quiere llegar. La decisión del camino
por transitar es una medida única e indivisible. Se decide por uno,
porque no se sabe que hay otros caminos, se recorre un segundo,
porque se cree que es
el único camino digno o se transita por uno más porque es el único
por el que se intuye que se podrá aprender.*

Definición de la Fuerza como medicina

La Fuerza puede definirse como la capacidad que tiene un ser de mutar ante los problemas y adaptarse a las situaciones. Se relaciona con el elemento Fuego y con los poderes que hemos desarrollado en esta y otras vidas.

La Fuerza tiene que ver con adaptación, paciencia y comunicación. Es un reestructurante y se manifiesta, sobre todo, en los genitales. Así, la Fuerza del cuerpo físico radica en esa zona por una razón básica: es allí donde se manifiestan la intuición, la Fuerza de la tierra, la Fuerza del instinto, todo lo que la razón debe olvidar. Está en contraposición con lo que significan cabeza, mente e ideas.

La Fuerza tiene como función principal la sustentación. Por consiguiente, se vincula con la nutrición de los cuerpos, comenzando, por supuesto, con el físico. No se relaciona con rigidez; más bien, con las posibilidades de aceptar los cambios conforme se presentan los casos y, por ello, con la flexibilidad.

Las sustancias que nos ponen en contacto con esta esencia son proteínas, vitaminas, minerales y aminoácidos, y su importante función médica es ser el gran nutriente. Esta virtud está conectada con alimentación, ejercicio, respiración, sol y mar.

La Fuerza y la dieta

Al hablar de dieta, cabe aclarar que, para empezar, es primordial no dejar de comer o preocuparnos en exceso por lo que ingerimos. Lo más sano es la actitud porsitiva con la cual te acercas a los alimentos. Una monodieta puede ser curativa, siempre y cuando la actitud ante ella sea la de buscar purificarte, porque pensada de otro modo también puede provocar una conducta obsesiva y compulsiva, que no contribuirá a limpiar o purificar. Recuerda, lo importante no es lo que ingieres, sino el estado de ánimo que tienes al momento de alimentarte.

Si realmente lo fundamental fuera lo ingerido, la gran pregunta sería: ¿cómo sobrevivió la gente a las hambrunas o a la guerra si en ocasiones sólo llevaban a su boca un único alimento? La respuesta es la actitud mental, la necesidad de supervivencia. Lo que importa es lo que se piensa al comer, aunque sea caldo de zapatos viejos. Si comemos por necesidad de protección o porque estamos enojados o angustiados, ante esta actitud cualquier alimento – aun si son frutas, verduras o cualquier alimento puro–, por más simple que sea, puede llegar a intoxicarnos.

La mejor dieta para un ser humano tiene que ver con lo que es capaz de pensar, sentir y creer. Si la mayoría de las personas comen enfrente de la televisión, en el momento en que se habla de atentados terroristas, evidentemente las emociones y los ácidos segregados por el cuerpo físico resultan profundamente dañinos y pueden enfermarse. Aunque en principio no nos demos cuenta, el hecho es que la digestión cambiará. Pero, en cambio, si vemos un programa intensamente disfrutable, ¿qué más da?, nos estaremos nutriendo con y de Alegría.

Es exactamente lo mismo degustar en un palacio la cena más deliciosa de tu vida que disfrutar en una choza el plato más sencillo que hayas probado. Lo relevante es la actitud con la que comes, no lo que te rodea. ¿Para qué quieren las familias reunirse y compartir los alimentos, si se dedican a pelear, manipular o entablar discursos interminables acerca de sus enfermedades? En ese caso será mejor que enciendan el televisor y que cada quien coma a gusto (o como pueda).

Por otro lado, si una persona se va a sentir terriblemente sola porque no tiene con quién compartir estos momentos y se hace acompañar de la radio o del televisor y de esta manera se siente mejor, no hay problema; lo único necesario es la actitud y en este caso los nutrientes llegan a donde necesitan ingresar.

Es interesante darse cuenta de que no hay reglas y que lo que le sirve a una persona es posible que no le sirva a otra.

La idea de que comer carne es nocivo y comer verduras es saludable, tampoco es tan cierta. El mundo se está consumiendo ecológicamente por igual por ambos regímenes, carnívoro y vegetariano.

Los verdaderos factores por plantear son los siguientes:

- ¿Cuál es la dieta más equilibrada? La que no te aburra.
- ¿Cuál es la mejor comida? La que más te guste.
- ¿Cuál es la mejor manera de comer? Alegremente.
- ¿Cuál es la cantidad exacta de comida? La que tú quieras, la que no te haga sentir mal.
- ¿Cuál es la dieta más sana? La que te haga feliz.

Por ejemplo, muchas personas creen que la dieta mediterránea es la más sana del mundo, pero si la analizamos con cuidado resulta que es tan tóxica como cualquiera: contiene gran cantidad de embutidos y grasas. Pero hay una gran diferencia: la gente en el Mediterráneo realiza sus actividades y toma sus descansos frente al mar, con un sol esplendoroso casi todos los días del año. La alimentación mediterránea es tan buena como la de los pescadores de las playas más perdidas o vírgenes de

México: comen frente al mar y en medio de las bellezas naturales, disfrutando su pescado recién salido del agua, cocinado a las brasas.

Es cierto que dependiendo del signo zodiacal es recomendable consumir ciertos alimentos, pero el hecho de que seas incapaz de gozar de un buen plato o de cocinarlo, significa, entre otras cosas, que no te consideras digno de disfrutarlo. Si no puedes lograrlo con la comida, que es el inicio del estar en la Tierra, no lograrás asumir una buena actitud ante muchos aconteceres cotidianos. Por consiguiente, si no quieres alimentarte adecuadamente, puede desencadenarse en tu interior una serie de confusiones y problemas de toda índole.

Lo esencial es plantearse algunas preguntas:

- ¿Por qué comes?
- ¿Qué comes?
- ¿Qué es lo que piensas cuando comes?
- ¿Qué es lo que haces cuando comes?

Y te aseguro que cada vez ahondarás más con tus preguntas en el tema fascinante de la alimentación y la salud.

Todas las tendencias y variantes de la nutrición, como las comidas macrobiótica, vegetariana, naturista o cárnica, son sólo manifestaciones de personas que han encontrado respuestas propias a sus cuestionamientos. Sin embargo, ello no significa que estas tendencias sean la panacea universal y en todo momento.

Empieza por entender lo que significa la Fuerza, y verás que lo fundamental siempre será la fuerza del ser, desde lo que siente y desde lo que piensa.

Si realizas combinaciones atractivas para el paladar, el cerebro se ocupa en lo que está recibiendo y en su idea de alimentación.

Al variar los contenidos, colores, sabores, olores y texturas de los alimentos, logramos que los comensales adopten una actitud distinta hacia lo servido en la mesa.

Por lo general, hablar en estos términos acerca de la nutrición provoca la inestabilidad de las ideas preconcebidas. Durante toda nuestra vida nos han hecho creer que hay una manera de ver las cosas y cambiarla nos parece tan difícil como adquirir una nueva personalidad. Pero no es así, cambiamos lo que realmente sentimos que requerimos.

Para entrar en estas estructuras es necesario adquirir una perspectiva mental diferente que se abre y se trabaja a lo largo de los años. Y las maneras de hacerlo son múltiples; el caso es aportar estabilidad, en el sentido literal de la palabra, para ser capaces de construir lo que se busca.

La estabilidad sólo existe fuera de la Tierra, en el Universo. No es algo a lo que el ser humano esté en condiciones de aspirar; podemos tener una idea de lo que representa, pero eso no significa que nuestro entendimiento baste para aceptarlo. En muchos casos lo estable se confunde con lo inamovible, concepto que francamente parece muy poco posible ya que todo en el Cosmos está en movimiento permanente y, por ende, atraviesa por cambios constantes. Así, podemos concluir que nunca estamos estables, pero es posible vivir inmersos en un movimiento armónico que tiene que ver con todos los aspectos de nuestra vida. Esto se logra en gran medida con nuestra actitud y nuestra perspectiva mental.

La mayoría de los procesos de crecimiento en los seres humanos se basan en creencias de estabilidad y luchas por conseguirla. Se cree que tener una casa, un automóvil o un jardín implica estabilidad, pero eso no es lo sustancial.

De igual manera, la idea de vivir junto a una persona no significa necesariamente estar en contacto con el amor. Pero si ponemos atención a las cosas que sentimos o creemos que nos dan seguridad, tendremos que reconocer que la mayoría de ellas se quedarán en la Tierra cuando nos hayamos ido.

¿DE QUÉ ENFERMAMOS CUANDO CARECEMOS DE FUERZA?

Sólo existe algo realmente seguro: todos sabemos **que en algún momento moriremos**. La seguridad acerca la muerte es un concepto poco valorado por los seres humanos, incluso temido, pero es la única certeza.

Esto no significa que no sea necesario vivir en comodidad. ¿Alguna vez has observado a algún pájaro escoger un lugar incómodo para construir su nido? Si bien no tenemos por qué vivir sin comodidades, esto no representa la estabilidad, ya que la comodidad tampoco es estable. Si así fuera, todos dormirían cómodamente en la misma posición toda la noche.

A partir de ahí, vemos que todo cambia, se transforma y es mutable, y lo que tú quieres disfrutar en comodidad, que también es parte de la Fuerza, no es eterno, ni es constante siquiera. La idea de estabilidad ayuda en ciertos momentos para fortalecer al individuo, pero no puede ni debe prevalecer mucho tiempo porque se transforma en una ilusión y, de esa manera, en una gran mentira. La verdadera seguridad tiene que ver con vivir con alegría, con realizar lo que decidiste hacer al llegar a la Tierra, es decir, con tener deseos y cumplir tu misión.

Esto es algo por lo que no hay que pagar. Se relaciona con lo intangible, con lo que no está firmado en un papel y, sobre todo, con lo que no pertenece a un sistema económico. Al ser tangible el hombre puede dejar de creer en él. Por tanto, aquello que te parece lo más seguro, en realidad no tiene que ver con la fortaleza, sino que es muestra de debilidad.

Reflexionemos sobre otro tipo de dificultades: los problemas estomacales o intestinales se deben a la incapacidad de digerir los acontecimientos cotidianos. Si lo analizamos, reconoceremos que por este lado se está trabajando en contra de los impulsos del cerebro, el cual –reconozcámoslo– es el jefe del cuerpo, y después de recibir tanta información contraria, evidentemente se pone en huelga.

Pero estamos hablando de una falta de reconocimiento del trabajo. Si tú piensas en el cuerpo como una empresa, resulta que hay un socio mayoritario que no está siendo reconocido. La recomendación es que dejes de exigir que actúe como tú quieres, le permitas trabajar como él desea y sabe, y verás que poco a poco las funciones de tu cuerpo físico podrán recuperarse y empezarán a actuar.

Por ejemplo, si te están saliendo manchas en el rostro, naturalmente no las quieres y de ninguna manera las aceptas; tu deseo es seguir teniendo un cutis límpido, pero, a pesar de usar las mejores cremas o recetas, notas que tu piel empeora. Es importante atenderse, pero sin llegar a la obsesión de patrones estéticos, ni exigirse ser un modelo de perfección, sin darte cuenta de que sólo se es perfecto cuando se acepta la imperfección. Las ideas que te ayuden a estar más sano siempre serán las que te costará más trabajo aceptar, sobre todo si provienen del querer andar por el camino del dolor para aprender.

Es cierto que cuando trabajas y pides flexibilidad a tu mente contribuyes a que ésta se desarrolle también en tu cuerpo. Evidentemente esto provocará, si lo manejas a conciencia, que se refleje también en tus emociones.

Ahora bien, entendamos lo que es comodidad; al final de cuentas no es un lujo, sino un medio para tonificar el cuerpo físico y alimentar los siete cuerpos. Nutrirse, fortalecerse y respirar de la mejor manera posible, hace que la Fuerza se instale en nosotros y en lo que creemos. Ahora bien, esto no se puede lograr si no se tiene la idea de que merecemos vivir bien.

La Fuerza: su funcionamiento como medicina

La Fuerza está en las ideas, las cuales han cambiado al mundo y a la sociedad, y por consiguiente, a los seres humanos. Si nos detenemos un momento, podemos decir que más seres humanos han muerto por defender sus pensamientos, que por enfermedad.

Los seres humanos creen que la muerte es triste. Pero sabemos que hay muchas cosas que son peores: vivir mal, creer que no se tiene derecho a coexistir adecuadamente, no creer en uno. Todo ello puede llevarnos a padecer humillaciones o sometimiento, a vivir manipulando, en soledad o en hambre. Eso es mucho peor que morir, pero éste es un tema que muy pocos consideran.

Una parte relevante de la conciencia es que hay muchas opciones y todas ellas son formas de aprendizaje. Las luchas sociales e intelectuales son fundamentales, porque son las que cambian las ideas: por la igualdad de las personas, por la lucha de géneros, por la igualdad de homosexuales y su inserción en la sociedad, por los derechos de los niños, por los derechos a vivir. Tienen una parte que no depende de ellas porque todo derecho del ser vivo primero tiene que otorgárselo él mismo y a falta de ello, no habrá ley que se lo otorgue.

La Fuerza del ser humano radica en sus deseos y en sus ideas. Mucha gente es más fuerte de lo que piensa. La Fuerza del hombre es desconocida para el propio hombre y aprender a usarla es quizás uno de los caminos más largos y complicados por seguir; sin embargo, si no se emprende, difícilmente se llegará al otro lado.

La Fuerza y los 12 signos zodiacales

Elemento	Signo	Cómo manifiesta fuerza	Qué le provoca fuerza
Tierra	Capricornio	Actuación ordenada tras un objetivo.	Acción establecida en pos de una meta.
	Tauro	Perseverancia, reflexión, disciplina.	Reflexión, construcción de bienestar.
	Virgo	Trabajo en detalle, análisis, limpieza.	Disciplina, comprensión del entorno.

Agua	Cáncer	Intuición, cariño, sensibilidad.	Compartir emociones, prestar atención a la intuición.
	Escorpión	Paciencia, intuición profunda, mente fría.	Relaciones sexuales, compasión, tenacidad.
	Piscis	Curación, creatividad, intuición.	Creación, inventiva, perspicacia.
Fuego	Aries	Liderazgo, entusiasmo, confianza en sí mismo.	Ejercicio físico, asunción de liderazgo.
	Leo	Ejercicio del poder, juego, estructuración.	Trabajo de servicio, humildad, coordinación de proyectos.
	Sagitario	Expresión y ejecución de talentos.	Concreción de capacidades.
Aire	Acuario	Formación de asociaciones, realización de cambios en el entorno.	Integración de grupos, transformación.
	Géminis	Inteligencia, curiosidad, comunicación.	Comunicación, negociación, coordinación, conocimiento.
	Libra	Conciliación, amornía, entrega y recepción de placer.	Actividades artísticas, toma de decisiones.

Trabajo con los sentidos para acrecentar la Fuerza

Pintura

En este cuadro se observa la Fuerza de la expresión de la energía universal manifestada de una manera profunda y sutil. Este tipo de cielos sólo pueden verse en viajes astrales y no en la Tierra. Los seres humanos viven en la parte de abajo, estática, tranquila y sin movimiento, sin saber que la verdadera Fuerza del Universo se manifiesta por encima de ellos.

Música

- "In questa regia", de la ópera *Turandot*, Giacomo Puccini
- "Undi il azuro spacio", de la ópera *Andrea Chenier*, Umberto Giordano
- "We are the champions", Queen

> **Recetas para acrecentar y contactar con la Fuerza**

Vinagreta fortificante

Ingredientes

- 1 cucharada de vinagre
- 4 cucharadas de aceite de oliva
- 1 cucharada de miel
- Sal y pimienta

Procedimiento

Bate todos los ingredientes juntos hasta que la miel se deshaga. Es ideal para ensaladas verdes y ensaladas con frutos secos. Sirve para fortalecer el cuerpo y ayuda a quitar las ideas que normalmente la gente tiene antes de empezar a comer.

Receta contra la falta de objetivos

Ingredientes

- Cortezas olorosas o resinas, por ejemplo: copal, pirul, eucalipto, pino o sándalo
- Agua

Procedimiento

La falta de objetivos nos debilita porque implica incapacidad de conexión con uno mismo. Por ello, los árboles son los principales proveedores de la Fuerza. Deja las cortezas o resinas en el agua fría o templada durante toda una noche. Usa el agua para friccionar tu cuerpo todos los días.

Platillos del mundo

Todos los platillos sumamente elaborados, como los chiles en nogada, el mole poblano, el pipián y otros de todo el mundo ayudan para el desarrollo de la Fuerza del cuerpo físico y su estructura. Esto se debe a la estupenda combinación de los cuatro elementos de la naturaleza en dichas recetas, lo cual se refleja de inmediato en nuestro interior.

Un baño especial

Agrega unas hojas de menta y algunos jazmines a una tina con agua. Al hundir tu cuerpo en ella te darás cuenta de que es un buen lugar para pensar en tu estructura de ser, de vida y de estar en la Tierra.

Literatura, cine y teatro

- Libro: *Los miserables*, Víctor Hugo, Porrúa
- Película: *El gladiador*, de Ridley Scott
- Teatro: *Fuenteovejuna*, de Félix Lope de Vega

> **REFLEXIÓN**

- ¿Qué piensas, sientes y crees sobre las enfermedades causadas por la falta de Fuerza?

  _____

  _____

- ¿Qué piensas, sientes y crees sobre la posibilidad de que la Fuerza vuelva a vibrar en tu interior?

  _____

  _____

> La humildad es virtud de reyes,
> la Fuerza es virtud de sabios.

Conclusión

Para finalizar, quiero hacer hincapié en que el Camino del Conocimiento puede ser recorrido de dos maneras: a través del Dolor o a través de la Alegría.

Si te decides por el primero, en la primera parte del libro podrás escoger cuál de todas las enfermedades puede ayudarte a encontrar el crecimiento que deseas. Es importante no soslayar este camino, porque a veces las partes complejas de la vida en la Tierra aportan grandes conocimientos. Lo relevante es resolver los problemas y no tomar las penurias como patrón de conducta.

Si la decisión es a través de la Alegría, la segunda parte del libro contiene muchas herramientas para iniciar este tránsito.

Cada uno de nosotros es libre de decidir por sí mismo lo que quiere o no recordar; lo que le gusta o no; qué conserva y qué desecha. Estamos compuestos por este tipo de decisiones, y de nosotros depende si nos enfermarnos y padecemos, si adoptamos o no las costumbres de nuestros padres y de la sociedad en la que estamos inmersos, y, por último, si elegimos quiénes queremos ser.

Crecemos y nos desarrollamos gracias a que ejercitamos nuestro Libre Albedrío.

El Libre Albedrío es la capacidad de decidir qué queremos o qué creemos que queremos en esta vida. No es la imposición impune de la voluntad, sino la posibilidad de ejercernos en plenitud. Si se entiende este principio, difícilmente se hará algo que nos lastime o que dañe a los demás.

> El Libre Albedrío es el poder del Hombre para realizar sus deseos. Es una consecuencia de la Salud y, por consiguiente, de la Conciencia.

Tú decides el mejor camino...

DIRECCIONES PARA VER LOS CUADROS A COLOR

Noche estrellada sobre el Ródano (Amor)
http://www.musee-orsay.fr/es/colecciones/obras-comentadas/busqueda.html?no_cache=1&zoom=1&tx_damzoom_pi1%5BshowUid%5D=4081

Campo de girasoles (Alegría)
https://www.google.com.mx/search?q=Campo+de+girasoles+de+vincent+van+gogh+original&rlz=1C1RNPN_enMX397&espv2&biw=1280&bih=705&tbm=isch&imgil=vM94E4LeX0MYQM

Campo de trigo con sembrador (Esperanza)
https://www.google.com.mx/search?q=Campo+de+trigo+con+sembrador+de+vincent+van+gogh+original&rlz=1C1RNPN_enMX397&espv=2&biw

Almendro floreciendo (Fe)
http://www.vangoghgallery.com/catalog/image/0671/Almendro-en-flor.jpgE

Groot-Zundert, Holanda (Verdad)
http://www.pintoresfamosos.cl/obras/acuarelas/van-gogh-2.jpg

Lirios (Armonía)
https://www.google.com.mx/search?q=lirios+por+vincent+van+gogh&rlz=1C1RNPN_enMX397&espv=2&biw=1280&bih=705&tbm=isch&imgil=8idZaC0bdID z1M%253A%253B2Z1jg-sqLsl-_M%253Bhttp%25253A%25252F%25252Fwww.allposters.com.ar%25252F-sp%25252FLirios-Saint-Remy-ca-1889-Posters_i8301249_.htm&source=iu&pf=m&fir=8idZaC0bdIDz1M%253A%252C2Z1jg-sqLsl-_M%252C_&usg=__hCvsmTFYBxFLxcUJUvgxx0JKcdY%3D&ved=0CD0Qyjc&ei=bKw6VIGUD4qf8QHpmYGQBQ#facrc=_&imgdii=_&imgrc=8idZaC0bdIDz1M%253A%3B2Z1jg-sqLsl-_M%3Bhttp%253A%252-F%252Fcache2.allpostersimages.com%252Fp%252FLRG%252F58%252F5881%252FVC5PG00Z%252Fposters%252Fvan-gogh-vincent-lirios-saint-remy--1889.jcapg%3Bhttp%253A%252F%252Fwww.allposters.com.ar%252F-sp%252FLirios-Saint-Remy-ca-1889-Posters_i8301249_.htm%3B400%3B283

Noche estrellada (Fuerza)
https://www.google.com.mx/search?q=noche+estrellada+vincent+van+gogh+1889&rlz=1C1RNPN_enMX397&espv=2&biw=1280&bih=705&tbm=isch

Esta obra se terminó de imprimir
en febrero de 2015, en los Talleres de

IREMA, S.A. de C.V.
Oculistas No. 43, Col. Sifón
09400, Iztapalapa, D.F.